로제타 셔우드 홀

한국 근대 여성의 길을 놓다

로제타 셔우드 홀

발 행 일 | 2018년 9월 19일
발 행 인 | 김재현
저　　자 | 박정희
편　　집 | 키아츠KIATS 편집팀
디 자 인 | 박송화
펴 낸 곳 | 키아츠KIATS
주　　소 | 서울시 용산구 원효로 214-2 청운빌딩, 3층
전　　화 | 02-766-2019
팩　　스 | 0505-116-2019
E-mail | kiats2019@gmail.com
ISBN | 979-11-6037-116-1(03230)
Web | www.kiats.org

* 본 출판물의 저작권은 키아츠(KIATS)에 있습니다.
* 사전동의 없이 무단으로 복사 또는 전재하여 사용할 수 없습니다.

* 이 도서의 국립중앙도서관 출판예정도서목록(CIP)은 서지정보유통지원시스템 홈페이지 (http://seoji.nl.go.kr)와 국가자료공동목록시스템(http://www.nl.go.kr/kolisnet)에서 이용하실 수 있습니다. (CIP제어번호 : CIP2018024338)

로제타 셔우드 홀

한국 근대 여성의 길을 놓다

저자 **박정희**

KIATS

목차

추천글
　　김윤환
　　박상은
　　김재현

제1부 조선의 빗장을 열어젖히고 • 9

　　1. 스물다섯 번째 생일의 기도
　　2. 고요한 아침의 나라?
　　3. 이경숙
　　4. 손가락이 손바닥에 붙은 소녀
　　5. "내 아이들"과 새로운 계획
　　6. 생각의 차이

제2부 한 손에는 사랑을, 한 손에는 인술을 • 59

　　7. 그가 오다
　　8. 결혼
　　9. 에스더의 결혼
　　10. 동행
　　11. 평양의 문을 열다
　　12. 조선의 바울
　　13. 서울로 돌아오다

제3부 슬픔의 골짜기를 지나서, 다시 조선으로 • 119

14. 잔인한 이별
15. 슬픈 귀향
16. 이디스를 가슴에 묻다
17. 슬픔의 골짜기에서

제4부 조선의 여성을 위한 여성의 일, "여성 의료인" • 155

18. "평양의 오마니"
19. 한국 여의사들의 할머니
20. 동화 같았던 나날들

에필로그 • 182

부록 • 187
　로제타 홀 연보
　로제타 홀의 핵심가치
　로제타 홀 관련자료

추천글

김윤환 (고려대학교 의과대학 영상의학과 교수)

그 풍성한 은혜 아래 오직 순결한 믿음과 강렬한 사랑의 마음으로 일생 한국인을 가슴에 품고, 사랑을 실천하며, 그 은혜를 자랑해 온 로제타 셔우드 홀, 로제타 홀 여사는 "순종하는 닥터 홀 가족"의 사랑의 원천이 되셨습니다.

박상은 (샘병원 대표원장)

로제타 홀 여사는 당시 조선의 소외된 여성, 맹인, 아픈 어린이를 돌보며, 고려의대의 전신인 조선여자의학강습소를 설립해 한국의 여성 의사들을 처음 배출한 분이십니다. 로제타 홀 여사의 박애정신과 아름다운 사역이 앞으로 더욱 널리 알려지며 계속 이어지기를 기대합니다.

김재현 (한국고등신학연구원 원장)

19세기 말부터 20세기에 걸쳐 한국 땅에 들어온 외국선교사들은 우리나라 근대화 과정에 많은 공헌을 했습니다. 지난 130여 년 동안 3천여 명의 내한 선교사 중에서 로제타 홀은 여러 분야에서 돋보이는 인물입니다. 기독교 선교사로 시작해 한국사회의 다양한 약자들을 섬기고 여성 인재를 양성하며 사랑과 박애의 삶을 산 로제타 홀, 오늘날 우리가 기억하고 기릴 이름입니다.

There were also one in t

Chemu

제1부

조선의 빗장을 열어젖히고

1. 스물다섯 번째 생일의 기도

"닥터 셔우드, 25호실 친구분이 초대하셨습니다. 지금 오시라 합니다."

객실을 담당하는 승무원이었다. 로제타는 여행 중 일과로 삼고 있는 하루의 끝을 마무리하는 일기를 쓰려던 참이었다. 1890년 9월 19일. 특별히 하루 종일 두고 온 이들에 대한 사무치는 그리움으로 울적해 있었다. 로제타는 일기책을 덮으며 천천히 의자에서 일어섰다. 그러고 보니 저녁 식사 후 내내 시카고에서부터 동행하는 닥터 스티븐슨$^{Ida\ Stevenson}$과 미스 벵겔$^{Margaret\ J.\ Bengel}$도 보이지 않았다.

"서프라이즈! 닥터 셔우드, 생일 축하해요."

로제타가 25실로 들어서자, 깜깜하던 방에 갑자기 불이 켜지며 생일 케이크를 든 미스 벵겔과 배 안의 친구들이 떠들썩하게 로제타를 맞았다.

'아! 하나님께서는 내 생일을 외롭게 하지 않으셨구나!'

로제타는 환하게 웃으며 주위를 둘러보았다. 아침부터 하루 종일 감상에 젖어 슬퍼하고 있던 자신이 조금 머쓱해졌다. 언제 어디서나 이렇게 항상 함께할 사람들이 있을 것이었다. 망망대해에 떠

있는 바다 위에서도 이러할 진데.

 로제타는 보름째 바다 위에 떠 있었다. 그날 바다는 아침부터 더할 수 없이 고요했다. 부드럽게 일렁이는 물결이 어찌나 잔잔한지 누구라도 그 위에서 노 젓는 배를 타고 싶다는 충동을 느낄 듯했다. 하지만 바다가 모두 한결같지는 않았다. 성난 파도에 배가 요동치던 날에는 의자에서 굴러떨어진 적도 있었다. 또 어떤 날에는 난생처음으로 삼켰던 음식물들이 거꾸로 올라와 먹었던 것들을 다시 꺼내 보는 색다른 경험도 했다. 그 뒤로도 같은 일은 여러 차례 되풀이되었다.

 바다는 그야말로 변화무쌍했다. 파도는 배를 통째로 삼킬 듯 달려들었다가, 또 언제 그랬냐는 듯 시치미를 뚝 떼고 반짝이는 눈을 깜박였다. 시시각각 색조를 바꾸기도 했다. 초록이었다가는 다시 남색으로, 또다시 보라색을 살짝 머금은 파랑인 듯싶다가 다시 쪽빛으로….

 바다는 더할 수 없이 친절하게 로제타의 스물다섯 번째 생일을 축하해 주었다. 그녀가 타고 있는 증기선 오셔닉^{Oceanic}호는 1890년 9월 4일에 샌프란시스코 항을 출발했다. 11일에 하와이의 호놀룰루 항에 도착한 뒤, 그곳에서 하루 동안 정박했다. 그사이에 상륙하여 하와이의 이국적인 풍광들을 즐긴 다음 오셔닉호로 돌아왔다. 증기선으로 돌아오는 조각배 위에서 밀려오는 파도를 타며 짜릿한 즐거움을 맛보기도 했다. 그리고 일주일 후 로제타는 배 위에서 스물다섯 번째 생일을 맞이했다.

 '앞으로 적어도 5년 동안은 사랑하는 이들의 얼굴을 볼 수 없겠지. 그들도 내 생일을 기억하고 있을까?'

 아침에 일어나 이런 생각을 하다 보니 자기도 모르는 사이에 눈물이 주르륵 흘러내렸다. 8월 21일에 뉴욕주 리버티의 고향 집을 떠나왔으니 벌써 한 달이 훌쩍 지나 있었다. 그리운 가족들의 얼굴이 하나씩 스쳐 지나갔다. 그리고 또 한 사람. 한없이 애절한 눈빛으로 자신을 바라보던 그의 눈빛과 속삭임이 아직도 귓전에 생생했다.
"굿 바이, 닥터."
그가 순식간에 로제타의 볼에 첫 키스를 날리고는 속삭였었다. 너무도 자연스럽게. 그의 행동이 적절한 것인지 분간할 겨를도 없이 기습적으로.
"굿 바이, 닥터."
로제타 또한 같은 말로 작별을 고했었다. 뉴욕시에서 시카고를 향해 떠나가려는 기차 안에서였다. 그는 결혼식을 올린 뒤, 함께 해외 선교에 나가자고 간곡하게 설득했었다. 하지만 그녀는 아무리 생각해도 자신이 누군가의 아내가 되는 것에 확신이 서지 않았다. 어려서부터 앓던 선병이 악화될지 호전될지 알 수 없었고 결혼 자체도 망설여졌다. 철들 무렵부터 결혼을 생각해 본 적이 없었다. 신심 깊고 일에 대한 열정을 가진, 용기 있는 여성들처럼 자신도 독신으로 하나님을 섬기며 봉사하는 삶을 살고 싶었다.
로제타가 의대에 진학했던 것도 의사가 되어 독신으로 선교에 전념하겠다는 결심 때문이었다. 졸업 후, 뉴욕의 독신 여성 봉사자들의 공동체인 뉴욕 디커니스 홈에서 해외 선교를 준비하면서 무료 진료소에서 봉사했다. 뉴욕 디커니스 홈Deaconess Home과 협력하고 있던 맨해튼의 루스벨트가 진료소Roosevelt Street Dispensary에서 로제타는 윌리엄 제임스 홀을 만났다.
"어린 환자를 진찰하고 있다가 새 의사가 왔다는 간호사의 말을 듣고 고개를 든 순간, 당신이 문 앞에 서 있었어요. 난 첫눈에 당신과 사랑에 빠져 버렸어요."

나중에 그가 들려준 말이었다. 그 말이 귓전에 맴돌아 로제타는 또다시 얼굴을 붉혔다. 그 또한 의료 선교사로 봉사하는 삶을 살기 위해 의사가 되었다고 했다. 그를 만나기 전까지 로제타는 독신 선교사로 살겠다는 자신의 계획에 한 치의 의심도 가진 적이 없었다.

네가 인류를 위해 봉사하려거든 아무도 가려 하지 않는 곳으로 가서 아무도 하려 하지 않는 일을 하라.

이 말을 처음 읽었을 때 얼마나 가슴이 뛰었던가! 이 말에 따라 흔들림 없이 살아왔던 지난 몇 년이었다. 1837년에 미국에서 처음으로 여성들을 위한 대학 과정인 마운트 홀요크 여자신학교 Mount Holyoke Female Seminary를 세운 메리 라이언 Mary Lyon의 말이었다. 졸업생들을 위한 연설에서 외쳤던 그녀의 말에 따라 수많은 여성이 지구 반대편의 자매들을 구하겠다는 열망으로 해외 선교에 나섰다.

한 번도 만나본 적은 없었지만, 미국에서 최초로 해외에 파견된 독신 여성 선교사였던 엘리자 에그뉴 Eliza Agnew도 로제타와 특별한 인연이 있었다. 그녀는 스리랑카로 선교하러 떠나기 직전에 로제타의 외가를 방문했다. 로제타의 어머니 피비 Phoebe가 열 살 때였다. 당시 어린 소녀였던 피비에게 그녀의 모습은 잊을 수 없는 인상을 남겼다. 그때부터 피비는 해외 선교에 관한 관심과 소망을 갖게 되었다.

스리랑카에 자리 잡은 엘리자는 평생 고국을 한 차례도 방문하지 않았다. 그녀는 그곳에서 43년 동안 현지 소녀들의 어머니로 살다가 생을 마감했다. 피비는 간간이 들려오는 엘리자의 소식을 접하며 평범한 주부의 삶을 살았다. 하지만 피비의 가슴 속에 심어진 선교에 대한 꿈은 딸에게서 싹이 트고 자라났다. 로제타는 어려서부터 어머니로부터 엘리자의 삶에 대해 숱하게 들으며 자라났다.

1885년 봄날의 어느 주일, 스무 살 여교사 로제타는 인도에서 선교하던 챈들러$^{Kennard\ Chandler}$ 부인의 강의를 듣게 되었다.

"인도에서는 여성들이 남자 의사들에게 몸을 보일 수 없답니다. 그런 관습 때문에 여성들에게는 의사의 손길이 미치지 못합니다. 그러니 아주 간단한 의학적 처치로 살릴 수 있는 경우에도 죽어가고 있습니다. 여성 의사 선교사가 꼭 필요한 이유입니다."

그녀의 강의를 들으며 로제타의 가슴이 즉각 응답했다. 사범학교를 졸업하고 아이들을 가르치고 있었지만 뭔가 부족함을 느끼던 차였다. 교사라는 직업은 로제타에게 재미있고 보람 있는 일이긴 했지만, 그녀의 가슴을 뛰게 하지는 않았다.

"저 의사가 되어 해외 선교에 나가고 싶어요."

로제타는 가족들이 모인 저녁 식탁에서 폭탄선언을 했다. 가족들이 갑자기 식사를 멈추고 일제히 그녀를 바라보았다.

"오늘 강연 때문인가 보구나."

어머니가 로제타를 유심히 바라보며 얼굴을 살폈다. 아버지는 여전히 아무런 말이 없었다.

"네. 그런데 마치 오랫동안 꿈꾸고 있었던 것처럼 느껴져요."

사실이었다. 로제타의 가슴은 그 순간까지도 두근두근 뛰고 있었다.

1886년 가을, 로제타는 펜실베니아 여자의과대학의 학생이 되었다. 당시 미국에서 가장 선진적인 문화를 자랑하던 필라델피아에 있던 학교였다. 학교는 로제타의 지적 호기심을 충족시켜 주었다. 그리고 무엇보다 그곳에는 미래에 대한 꿈을 공유할 훌륭한 벗들이 있었다. 의사가 되겠다고 결심하고 세계 최초의 여자의과대학에 입학한, 당시 미국에서 가장 독립적이고 진취적인 여성들이었다. 그 학교는 특별한 면을 또 가지고 있었다. 현지에서 선교하던 선배들이 보낸 유학생들이 그 학교에서 고국의 첫 여성 의사들로 태어났다. 인도에서 온 아난디 고팔 조쉬$^{Anandi\ Gopal\ Joshi}$와 시리아에서 온 타밧 이살람블리$^{Tabat\ M.\ Islambooly}$였다. 로제타의 졸업 동기 중에는 최초의 일본인 여의사 케이 오카미$^{Kei\ Okami}$와 아메리카 원주민 여의사 수잔 라 플래시 피코트$^{Susan\ La\ Flesche\ Picotte}$도 있었다.

로제타는 재학 중 내내 해외 선교에 대한 꿈을 놓은 적이 없었다. 재학 중 4년 과정을 3년 안에 마치고 빨리 졸업하려고 무리하는 바람에 결핵성 내분비선에 이상이 발생하여 수술을 받기도 했다.

졸업 후, 로제타는 건강을 염려하는 가족들과 친구들로부터 해외 선교를 포기하라는 권유를 많이 받았다. 그 와중에 사랑하는 이를 만나면서 일시적으로 더 큰 고민에 휩싸이기도 했다. 하지만 평생 선교에 헌신하지 못하고 중단한다 할지라도 미리 포기할 수는 없다는 결론을 내렸다.

"하나님의 일이 아니었다면 그 어떤 것에도 당신을 빼앗기지 않았을 것이오."

로제타가 미국 북감리교 여성해외선교회$^{Woman's\ Foreign\ Missionary\ Society}$에 5년 동안의 독신 선교사 사역을 서약했다는 소식을 들은 윌리엄의 말이었다. 두 사람 모두 개인적 사랑보다 더 큰 사랑을 실천하기 위한 헌신의 가치를 더욱 귀하게 여기는 점에 이견이 없었다.

친구들과 생일 케이크를 나눠 먹으며 로제타는 하루 종일 자신을 감싸고 있던 우울함을 떨쳐 버렸다. 사랑하는 하늘 아버지께서 항상 이 광활한 바다에서도 낯선 땅에서도 여전히 함께하실 것이었다. 살아온 지난 일생 동안 그분이 얼마나 자신에게 친절하셨는지를 또다시 깊이 깨달은 날이었다.

"하나님, 여태까지 저에게 베풀어 주신 모든 은혜에 감사드립니다."

감사는 모든 두려움과 걱정을 완화하는 가장 신비로운 약이었다. 지금까지와 같이 앞으로도 그분은 자신과 함께할 것이라는 믿음의 햇살이 두려움의 구름을 비집고 환하게 쏟아져 들어왔다.

> 내가 아니라, 내가 인생에서 말한 진실이
> 내가 아니라, 내가 인생에서 뿌린 씨앗이,
> 후세에 전해지게 하소서.
> 나에 관한 모든 것이 잊혀질지라도,
> 내가 말한 진실, 내가 행한 실천만이 남겨지게 하소서.

로제타는 일기를 마감하며 호라티우스 보나르^{Horatius Bonar}의 글을 정성껏 베껴 적었다.

2. 고요한 아침의 나라?

 땅에서 바다로 이어졌던 기나긴 여정이 끝나가고 있었다. 1890년 10월 13일 오전 8시경, 드디어 한양의 항구인 제물포가 눈에 들어왔다. 무사히 목적지에 도착했다는 안도감으로 로제타의 가슴은 뻐근했다.

로제타 홀의 일기에 소장되어 있던 제물포 사진

"주님의 눈이 나와 함께 계셨고 이곳까지 나의 길을 인도해 주셨구나. 그분께서 날 선택하셔서 이곳으로 인도하셨으니 모든 근심과 수고는 사라질 것이다. 그분께서 내가 행하고 견디게 도우실 것이니 어찌 기쁘지 않겠는가?"

로제타는 길고 길었던 여정을 되돌아보며 그분께 깊은 찬미를 드렸다. 거센 파도에 배가 침몰할까 봐 가슴 졸였던 적이 수도 없었다. 뱃멀미로 인한 구토에 지쳐서 몸을 가누기 힘들었던 적도 많았다. 샌프란시스코에서 요코하마까지 18일 11시간 동안 8,763.2km를 항해했다. 9월 24일 요코하마에 도착한 뒤, 일본에서 몇 군데 선교기지를 둘러보고 다시 요코하마로 돌아왔다. 10월 4일, 고베로 가는 오미호近江丸에 승선 후, 이틀 동안 또다시 끔찍한 뱃멀미에 시달려야 했다. 10월 5일 고베에 도착하자마자 오와리호尾張丸로 바꿔 탄 뒤, 10월 7일에 나가사키항에 닿았다. 나가사키에서 상륙하여 그곳의 선교 사업을 둘러본 뒤, 9일에 부산으로 출항했다.

10월 10일 정오쯤, 부산항에 도착했다. 드디어 로제타는 5년 동안 사역을 약속한 조선 땅에 힘차게 첫발을 내디뎠다.

"아! 조선의 구름도 고향에서 보던 구름과 똑같구나."

로제타의 말에 미스 벵겔이 배를 잡고 웃었다. 그만큼 고향의 풍광과 비교하여 익숙한 것을 찾기가 힘들었다. 들쭉날쭉한 언덕과 산들은 가파르고 헐벗어 있었다. 멀리 보이는 머리부터 발끝까지 온통 하얀 옷을 입은 사람들은 그림처럼 보였다. 여자들은 보이지 않았다. 해가 지기 전에 여자들은 밖에 나올 수 없다는 말을 들었다. 조선의 모든 것이 낯설고 새로웠다.

"닥터 셔우드, 미스 벵겔, 환영합니다. 그동안 얼마나 고생이 많으셨어요?"

이화학당의 교사 로드와일러Louise C. Rothweiler 양이 밀물 때가 아니어서 해안에서 5km밖에 정박해 있던 오와리호까지 작은 배를 타고 마중을 나왔다.

"미스 벵겔, 고향 소식을 많이 가지고 오셨지요?"

시카고에서부터 로제타와 동행했던 마가렛 벵겔은 로드와일러와 같은 고향 오하이오주의 포메로이^{Pomeroy} 출신이었다. 그 지역의 감리교 여성해외선교회에서 열성적으로 활동하는 로드와일러의 어머니가 모금을 주도하여 딸을 도울 동역자를 파견한 것이었다.

"이곳 제물포에서 우리 선교 본부가 있는 서울까지는 가마로 8시간 걸립니다. 저녁 7시면 성문이 닫히는데 그 전에 도착이 불가능해요. 그래서 이곳에서 하루를 묵고 내일 아침 출발해야 합니다."

세 사람은 제물포에서 스튜어드라는 중국인이 외국인들을 위해 운영하는 스튜어드호텔에서 하룻밤을 묵기로 했다. 점심을 먹은 뒤, 로드와일러와 벵겔은 고향 소식을 주고받느라 흥분해 있었다.

그 사이 로제타는 언더우드 선교사가 쓴 '새로운 한영문법'을 살펴보았다. 조선은 동아시아에서 중국을 제외하고 유일하게 문자를 가진 나라라고 했다. 열 개의 모음과 열네 개의 자음으로 구성된 문자는 아주 과학적이어서 배우기 쉬울 것으로 생각되었다.

'난 음조를 구별하지 못하는 둔한 귀를 가지고 있는데 새로운 언어를 익히기가 쉬울까?'

로제타는 새로운 언어 습득에 불안한 예감이 들었다.

오후 4시경, 세 사람은 산책에 나섰다. 스튜어드 호텔보다 규모가 크고 신축한 것으로 보이는, 일본인이 경영한다는 호텔도 있었다. 거리에는 꽤 많은 일본인과 중국인들이 왕래하고 있었다.

'저들이 조선인들을 밀어내고 있거나, 적어도 뒤로 물러서게 하는 것처럼 느껴지는구나.'

로제타의 눈에 "고요한 아침의 나라"는 더 이상 고요해 보이지 않았다. 로제타 일행은 호텔에서 캐나다 출신의 선교사 게일[James S. Gale] 씨를 만났다. 그는 중국으로 선교하러 가느라 로제타와 같은 배를 탔던 친구를 만나러 제물포에 와 있었다. 그의 도움으로 로제타 일행은 서울까지 가는 가마꾼들을 쉽게 구할 수 있었다.

10월 14일, 아침 8시에 로제타와 일행은 제물포를 출발했다. 한 가마당 여덟 명이 한 조가 되어 4명씩 교대로 가마를 들고 걷는데 교대가 어찌나 신속하게 이루어지는지 진행에 거의 지장을 주지 않을 정도였다.

"세상에! 어쩜 바퀴가 달린 탈것이 하나도 보이지 않을 수가 있지요?"

로제타가 놀라서 말했다. 기차와 마차가 주요 교통수단인 나라에서 온 그녀에게 가장 놀랍게 느껴진 점이었다. 게일 선교사는 조랑말을 타고 가고, 여성들이 탄 가마 뒤에는 여행 가방과 화물을 운반하는 지게꾼들이 뒤따랐다. 난생처음 보는 지게가 로제타에게는 신기하기 짝이 없었다.

한강 나루에 도착하여 나룻배로 강을 건넜다. 다시 가마를 타고 서대문에 이르렀을 때는 오후 4시 반경이었다. 서대문을 지나 곧 미국 북감리교 여성해외선교회의 서울지부에 도착했다. 여선교사들의 관사와 이화학당의 교사와 기숙사 건물, 여성병원인 보구여관이 이웃해 있었다. 서울에서 가장 아름다운 언덕 위에 자리한 그곳은 도시와 주위 산들의 아름다운 경치를 내려다보고 있었다.

조선의 멋과 편안함이 어우러진 멋진 기와집 안에서 고상하고 아름다운 부인이 자애로운 미소를 머금고 걸어 나왔다. 이화학당의 설립자이자 선교회의 조선지부 책임자인 스크랜튼 대부인이었다.

"어서 오세요. 닥터 셔우드, 미스 벵겔. 새로운 집에 오신 것을 환영합니다."

그녀가 환하게 웃으며 로제타를 포옹했다. 로제타는 순간, 어머니를 생각했다.

"이 본채에는 공간이 부족해서 닥터 셔우드는 바깥 별채를 써야 될 것 같아요."

로제타는 본채에서 몇 걸음 떨어져 있는 방이 세 개 달린 별채를 배정받았다. 새집은 만족스러웠다. 구조도 마음에 들었고 모든 방이 밝고 쾌적했으며 조선 가구들은 매우 아름다웠고 편리했다. 특이한 것은 침실의 침대 옆에 놓인 돈 궤였다. 1달러에 2,000냥이라는 환율 때문에 부피가 어마어마했기 때문이었다.

"자, 여기가 보구여관이에요. 보호하고 구하는 여성들의 집이라는 뜻이지요. 왕비 마마가 지어준 이름이랍니다."

자신이 앞으로 대부분의 시간을 보낼 병원은 생각했던 것보다 더 만족스러웠다. 상당한 종류의 약들과 꽤 많은 의료기구가 잘 구비되어 있었다.

로제타는 그다음 날부터 곧바로 진료를 시작했다. 병원은 로제타 혼자서 책임져야 했다. 간호사도 약제사도 없었다. 환자들과 말도 전혀 통하지 않으니 로드와일러가 와서 통역을 해 주었다.

셋째 날 오후에 조선어 가정교사가 와서 첫 번째 수업을 받았다. 로드와일러와 벵겔은 쉽게 발음하는 것으로 보이는 한국어 발음이 로제타에게는 불가능한 것들이 있었다. 가정교사가 로제타를 상대로 끈질기게 반복하여 연습을 시켰다.

'선생이 아마도 날 바보라고 생각하지 않을까?'

로제타는 크나큰 낭패감을 느껴야 했다. 사실 로제타는 어려서부터 음치였다. 어려서는 그것에 대해 별로 크게 상심하지는 않았고 노래 대신 뭔가 다른 것을 더 잘하면 되지 않겠나 생각했었다.

보구여관 - 로제타 홀이 창문에 걸터앉아 있다.

  교사가 된 이후에야 노래를 잘 불렀으면 얼마나 좋을까 하는 생각을 하게 되었다. 아이들과 함께 아침 수업 시작과 점심시간 등을 노래로 열 수 있었으면 하는 아쉬움 때문이었다. 그런데 의과대학에 진학하고 신체검사를 받고서야 자신이 노래를 부르지 못하는 이유를 알게 되었다. 음조의 높낮이를 구별하는 능력이 부족하다는 것을 알게 되었다. 뉴욕 디커니스 홈에서 선교 사역을 할 때도 노래를 잘 불렀으면 좋겠다 싶긴 했었지만, 그것이 한국어를 배우는 데 장애가 될 것이라고는 생각지도 못했었다. 로제타는 암담함을 느꼈다. 새로운 언어를 배우지 못한다면 어떻게 이곳에서 살아갈 수 있을 것인가.
  다행히 로제타는 그날 밤 읽은 책에서 큰 위로를 얻었다.

  인생은 가끔 우리가 꿈꾸거나 계획했던 것보다도 풍부해진다.
  바울 성인이 로마의 엄청난 군중들 앞에서 그리스도에 대해 설

교했다 해도 그 설교는 그가 감옥에서 쓴 편지들만큼 세상에
큰 영향을 끼치지는 못했을 것이다. 일이 내 마음대로 이루어
지지 않는다 해도 크게 실망하지 말자.

인간의 계획이라는 것이 무슨 의미가 있을 것인가. 그저 하나님
의 계획이 완성되는 것에 자신이 쓰임 받는 데 의미가 있을 뿐이
지 않을까. 로제타는 애써 자신을 스스로 위로했다.
"그동안 나에게 일어났던 모든 일은 하나님께서 오늘의 나를 만들
기 위해 훈련하는 과정이었을 거야. 지금까지는 오직 준비만을 위해
살아온 것 같아. 속히 일을 시작해서 그 시간을 만회하고 싶다."
로제타는 그날의 일기에 이렇게 적었다. 자리에 누운 후에도 이
런저런 생각에 잠을 이루지 못하였다.

3. 이경숙

"닥터 셔우드, 처음 뵙겠습니다. 드루실라라고 불러 주세요."

로제타가 처음으로 마주한 조선 여성이었다. 하얀 한복에 단정하게 머리를 쪽진 모습은 여느 조선 여성과 다름없었지만, 반짝이는 눈망울과 유창한 영어가 특별하게 느껴졌다.

"드루실라는 여학교에서 한글과 한문을 가르치고 있어요. 조선 이름은 이경숙이에요."

곁에서 스크랜튼 대부인이 말했다.

"아! 시카고에서 만났던 닥터 하워드$^{\text{Meta Haward}}$가 조선 여성들에게는 이름이 없다고 하던데요."

로제타는 조선으로 오는 길에 시카고에서 보구여관의 첫 여의사인 메타 하워드를 만났었다. 그녀는 감리교 여성해외선교회가 조선에 파견한 첫 여의사였는데 2년 동안 일하다 병으로 귀국하여 요양 중이었다.

"양반집 딸 중에서는 가끔 이름이 있는 경우도 있답니다."

이경숙이 웃으며 덧붙였다. 로제타가 닥터 하워드에게서 들었던 조선에 관한 이야기 중에서 가장 충격적이었던 것이 여성들에게 이름이 없다는 것이었다. 이름이 한 사람의 정체성과 개체성을 나타낸다 할 때 여성들이 인격적인 대우를 받지 못함을 전적으로 보여주고 있었다.

"대부분 '작은애', '예쁜이', '아가' 등으로 불리다가 결혼을 하고 아기를 낳으면 '창식이 엄마' 등으로 불리지요. 이곳에 오기 전까지 제 인생도 건널수록 강이요, 넘을수록 산이었답니다."

로제타는 이경숙의 이야기를 들으며 여성 선교사들이 조선에서 하고 있는 일의 의미를 다시 깨달을 수 있었다.

"저는 아버지의 뜻에 따라 열다섯 살 때 한양에서 내려온 신랑과 결혼식을 올렸어요. 그리고 며칠 뒤 그는 서울 본가로 돌아갔는데, 3년 후에 그가 죽었다는 소식을 전해 들었어요. 열여덟에 과부가 된 것이었지요."

한 번도 본 적이 없는 사람과 결혼식을 올리고 며칠 후에 헤어졌는데 3년 후에 과부가 되었고 재혼도 할 수 없다는 말이 로제타에게는 믿어지지 않았다.

"이 선생님은 이곳에서 얼마나 계셨나요?"

"저도 지난 4월부터니 그리 오래되지는 않았어요. 지난달에 세례를 받고 나니 새롭게 태어난 것처럼 느껴져요. 이제야 사람이 된 것 같은 기분이랄까요."

열여덟에 청상과부가 된 이경숙은 아버지가 돌아가신 후 집을 나와 친척 집을 전전하며 가사를 돕거나 바느질로 생계를 이어갔다고 했다. 그러던 중 스크랜튼 대부인의 조선어 교사였던 친척을 통하여 스크랜튼 대부인을 소개받으면서 새 삶을 찾게 되었다. 스크랜튼 대부인의 양딸이 되었으며, 신앙으로 새로운 희망을 품게 되었고, 아이들을 가르치면서 처음으로 삶의 보람과 긍지를 느끼고 있었다.

로제타가 살게 된 여성해외선교회 조선지부에는 메리 스크랜튼 대부인과 로드와일러가 이화학당과 여성들의 교회 모임을 이끌고 있었다. 로제타와 벵겔의 합류로 선교부는 더욱 활기를 띠게 되었다. 무엇보다도 1년 이상 비어 있던 보구여관에 새 주인이 생긴 것을 스크랜튼 대부인은 더할 수 없이 기뻐했다. 게다가 스크랜튼 대부인은 더할 수 없이 영특해 보이는 데다 진중한 성품의 로제타를 처음부터 무척 마음에 들어 했다.

이화학당은 한반도 수천 년 역사에서 처음 생긴 여자 학교였고, 보구여관은 여성들을 위한 첫 병원이었다. 로제타가 서울에 도착했을 때, 이화학당에는 일곱 살부터 열일곱 살까지 스물여섯 명의 소녀들이 자라나고 있었다. 1886년 2월부터 시작했으니 5년째를 맞이하고 있던 이 기숙학교가 처음 문을 열었을 때 아무도 관심을 기울이지 않았다. 학교 문을 열어 놓고 3개월 동안 학수고대하며 학생들을 기다리던 스크랜튼 대부인에게 처음으로 온 학생은 어느 양반의 첩이었다. 그녀의 남편은 그녀에게 영어를 가르쳐 왕비의 어전 통역으로 취직시켜서 자신의 출셋길을 닦아볼 의도가 있었다. 자발적으로 공부하고자 한 것이 아니었으니 그녀는 공부에 의욕도 없고 흥미도 없었다. 결국, 그녀는 3개월도 채우지 못하고 떠나버렸다. 그 후로 온 아이들은 빈민 부모가 굶기지 않으려고 맡긴 아이, 길에서 전염병으로 죽어가던 어미 곁을 지키던 기아였다. 이렇게 조선의 첫 여학교는 버려진 아이들을 데려다 먹이고, 재우고, 입히고, 가르치는 것으로 시작되었다.

스크랜튼 대부인은 예일대를 졸업한 유능한 의사인 외아들을 이름도 알려지지 않았던 조선이라는 나라에 의료 선교사가 되도록 설득한 어머니였다.

"미세스 스크랜튼, 아드님과 함께 조선으로 가서 우리 여선교회의 사역을 시작해 보시는 것이 어떨까요?"

미 북감리교 여성해외선교회 뉴욕지부는 적극적인 활동가였던 스크랜튼을 설득했다.

"제 나이가 쉰둘이에요. 이 나이에 무슨…. 젊은 활동가들을 보내야지요."

처음에 그녀는 자신의 나이를 들어 극구 사양했다.

"젊은이들 못지않게 아직 건강하시고 누구보다 열정이 강하시잖아요. 게다가 하나밖에 없는 아들과 헤어져 사는 것보다는 함께 가시면 서로에게 큰 도움이 될 듯싶습니다."

결국, 스크랜튼 대부인은 그 제안을 받아들여 감리교 선교사로 임명된 아들과 함께 우리나라 최초의 여성선교사로 조선에 첫발을 디뎠다.

"사업을 시작하려고 여기 서대문 성벽 안쪽 언덕에 2만 제곱미터의 땅을 구입할 때, 계약서를 스물한 통이나 작성했어요. 지금 생각하면 무슨 배짱이었는지 모르겠어요. 사실 이 땅을 구입하기로 하고 계약서를 작성할 때는 선교부의 허가도 받기 전이었거든요."

로제타는 경외의 눈빛으로 스크랜튼 대부인을 바라보았다. 그녀는 1886년, 선교회의 사후 승인과 자금 지원을 받아 선교사 사옥, 교사, 기숙사를 짓고 학생들을 기다렸다고 했다. 그러나 학생들을 구할 수 없었다. 남녀칠세부동석, 삼강오륜, 칠거지악의 나라에서 딸들이 학교에 다닌다는 것은 상상도 할 수 없는 일이었다.

1887년, 마침내 이 학교는 고종으로부터 '이화학당'이라는 이름을 하사받으면서 새로운 전기를 마련했다. 임금이 여성들에게 교육을 허용한다는 것은 여성을 차별하는 성리학을 통치 이념으로 하던 조선에서 눈을 씻고도 믿기 어려운 대사건이었다. 사실 이화학당에 아이들을 맡긴 부모들이나 맡겨진 소녀들이나 처음에는 자신들에게 일어난 일의 의미를 제대로 알지 못했다. 하지만 이 소녀들은 새로운 자양분을 먹으며 자신도 모르는 사이에 쑥쑥 자라났다. 이화학당에 온 소녀들에게 미국에서 온 교사들은 외계인이나 다름없었다. 그러나 자신들과 같은 모습, 같은 옷을 입고 같은 언어를 말하는 이경숙은 아이들에게 새로운 가능성을 생생하게 보여주는 본보기였다.

4. 손가락이 손바닥에 붙은 소녀

로제타가 한양에 도착한 뒤 열흘이 지난 후, 진료할 때 통역을 맡아주던 로드와일러가 독감으로 자리에 눕고 말았다. 여의사가 다시 왔다는 소문이 퍼져 나가면서 환자들은 점점 많아지는데 로제타는 그들과의 의사소통이 난감했다.

"점동, 나에게 환자들의 말을 통역해 줄 수 있어요?"

김점동은 이화학당에서 영어를 가장 잘하는 소녀였다. 행동이 재빠르고 영리한 열네 살 점동은 이화학당의 네 번째 학생이었다. 점동의 아버지 김홍택은 이화학당 옆에 있던 소년들을 위한 배재학당의 설립자 아펜젤러 목사의 한국인 조력자였다. 기독교인이 된 그는 자신의 둘째 딸 점동을 스크랜튼 대부인에게 맡겼다. 공짜로 먹여주고 재워주고 공부도 가르쳐주고 시집까지 보내준다니 가난한 살림에 고맙기 이를 데 없었다.

점동은 로제타의 통역을 위해 진료소로 내려오면서 오와가라는 일본인 친구를 데리고 왔다. 아버지의 직장 때문에 서울에 살던 오와가는 점동의 단짝이었다. 점동은 로제타가 기대했던 것보다 훨씬 통역을 잘 해내었다. 로제타는 두 소녀를 조수로 훈련하기로 했다. 병원을 운영해 나가려면 자신을 도와줄 이가 절실했고 훈련하

점동(왼쪽)과 오와가(오른쪽)

기에 이들보다 나은 아이들은 없었다. 로제타는 두 소녀에게 가장 먼저 약을 저울에 달아 용량을 재는 법, 약을 갈아 가루로 만들고, 가루를 분배하는 법 등을 가르쳤다.

"앞으로 너희들을 훈련할 예정인데, 훈련을 받게 되면 앞으로 3, 4년은 결혼하지 않고 날 도와주어야 해. 그렇게 할 수 있을까?"

로제타가 두 아이에게 말했다. 이 나라에서는 16살이 넘기 전에 결혼하는 것을 불문율로 여기고 있었다. 조선 왕조의 통치 이념인 성리학에서는 결혼해서 자식을, 그것도 아들을 낳아 대를 이어야 인간의 본분을 다한 것으로 여겼다. 로제타는 아이들을 애써 훈련한 다음에 곧 조혼으로 빼앗기고 싶지 않았다. 로제타의 제의를 점동은 그리 반가워하는 기색이 아니었다.

'혹시 결혼을 미루어야 한다는 말 때문에 부담스러워 하는 것은 아닐까?'

로제타는 이렇게 생각하며 고개를 갸우뚱했다. 그런데 저녁이 되자 점동이 로제타를 찾아왔다.

"선생님을 도와 드리기로 결심했어요."

사실 점동의 고민은 결혼이 아니었다. 단지 신중했을 뿐이었다. 로제타는 기쁜 마음으로 그날 밤 일기에 이렇게 적었다.

"내가 그 아이들을 선택한 것은 내 뜻만이 아닐 것이라 믿는다. 나에게만 도움이 되게 하려는 것이 아니라 그 아이들이 좀더 폭넓은 삶을 살고 세상에 유익한 사람이 되게 하려 함이다. 그리고 무엇보다도 그 아이들이 하나님의 사랑 안에서 안전하고 행복할 것이라 믿는다."

점동과 오와가가 병원에서 일하기 시작하고 3주가 지나면서 병원 운영도 서서히 자리를 잡아갔다. 로제타가 점점 느는 환자들과 왕진 요청으로 눈코 뜰 새 없이 바빠지던 어느 날 아침이었다. 로제타는 아무리 바빠도 매일 성경공부를 하겠다고 결심한 대로 성경공부를 하고 있었다. 그날의 주제는 '십자가에 달리신 예수님'이었다. 책 속에서 "상처가 없는 접붙임은 없다. 즉 완전히 벗겨지고 속살을 드러내야 나무는 더 강한 가지를 받아들일 수 있다"라는 구절이 있었다. 로제타는 그 문장을 곱씹으며 병원으로 내려갔다. 말씀은 마치 그날 자신이 하려는 수술을 빗댄 말처럼 느껴졌다.

며칠 전이었다. 어떻게 소식을 들었는지 120리나 떨어진 시골에서 가마를 타고 환자가 찾아왔다. 걸어서 찾아오는 가난한 여성들이 대부분인 병원에 드문 경우였다. 이렇게 가마를 타고 간호해 줄 하인까지 데리고 오는 환자들은 양반 출신이었다.

"닥터 셔우드, 이 소녀는 미스 윤이라고 합니다."

곁에서 점동이 통역을 하였다. 소녀가 수줍은 미소를 머금고 오른손을 들어 보였다. 화상으로 인해 마지막 손가락 세 개가 손바닥에 달라붙어 있었다.

"언제 화상을 입었나요?"

"4년 전이에요."

"몇 살이에요?"

"열여섯 살입니다."

소녀는 아주 예쁘고 밝은 성품을 가진 듯했다. 이렇게 예쁜 소녀가 손가락 때문에 열여섯 살이 될 때까지 아직도 결혼하지 못한 것이라 생각되었다.

"이 손가락을 다시 쓸 수 있을까요?"

소녀를 데리고 온 어머니가 간절한 눈빛으로 물었다.

"가능할 수도 있을 것 같습니다."

소녀와 어머니의 얼굴이 동시에 기쁨과 희망으로 빛났다.

11월 11일, 오후 2시에 수술이 시작되었다. 에테르로 소녀를 마취시키고 수술하는 동안에 로드와일러가 소녀의 팔을 들어주었다. 로제타는 소녀의 손가락을 손바닥에서 떼어낸 후 각 손가락 주변의 피부를 펴서 죽은 피부를 덮었다. 상처를 꿰매고 손가락들을 따로 붕대로 감아서 부목에 고정했다. 지루한 수술이 끝나고 그녀를 입원실로 돌려보낼 때 시계는 5시를 가리키고 있었다.

한 달이 지나갔다. 윤 씨 소녀의 손바닥에서 손가락을 떼어내면서 속살이 드러난 부위에 옆에서 끌어당겨 붙여 놓았던 피부가 처음에는 아무는 듯싶더니 시간이 지나면서 다 떨어져 나가 버렸다. 손가락은 다시 펴졌으나 속살이 드러나면서 보기에 아주 흉했다. 로제타는 피부 이식을 시도하기로 했다. 환자의 팔에서 피부를 한 조각 떼어 내어 이식했다. 두 번째로 피부를 떼어내려 하자 소녀가 겁을 내며 거세게 거부했다. 곁에 통역을 해 줄 사람이 없어서 로제타는 자신의 의도를 제대로 알릴 수가 없었다. 그래서 자신의 팔에서 피부를 세 조각 떼어냈다. 더 떼어 내려 하자 곁에 있던 봉순 어머니가 로제타에 달려들어 말리고 나섰다. 봉순이는 이화학당의 학생이었고, 봉순 어머니는 보구여관에서 이런저런 잡일을 처리하고, 대기실에서 환자들을 상대로 전도를 하는 이였다.
"아이고, 선생님. 안 돼요. 이게 무슨 일이에요?"
봉순 어머니가 필사적으로 말리는 것을 보며 로제타는 혹시 그녀가 자신의 피부를 좀 나눠 주려는 것이 아닐까 생각했으나 그건 아니었다. 로제타는 나중에 로드와일러에게 피부 이식의 필요성을 설명해 달라고 부탁해야겠다고 생각하며 소녀의 상처를 다시 싸매 두기로 했다.

며칠 후, 비가 거세게 내리는 날이었다. 한 남자가 아내의 약을 받으러 왔다. 그는 전날 로제타가 왕진을 갔던 산모의 남편이었다. 난산을 겪던 그 남자의 아내에게 겸자^{鉗子}(가위 모양의 수술기구)를 이용하여 출산을 도와주고 돌아왔는데, 환자의 상황을 들어보니 꽤 위중한 것 같았다.
"약만 보내는 것보다는 제가 직접 가서 살펴봐야 할 것 같군요."
"이렇게 비가 오는데, 오실 수 있을까요?"
그 남자가 미심쩍어하며 말했다.
"무슨 소리요? 셔우드 박사님은 우리나라 사람에게 자기 피부까지 떼어 준 분이에요. 이까짓 비가 무슨 대수라고 비 때문에 못 가시겠어요?"
두 사람의 대화를 듣고 있던 병원의 문지기 기수가 끼어들며 말했다. 이런 식으로 날이 갈수록 로제타가 소녀를 위해 자신의 피부를 떼어주었다는 소문이 파다하게 퍼져 나갔다. 덩달아 로제타에 대한 칭송도 점점 늘어갔다.
"박사님, 저는 박사님이나 제 친언니라면 모를까 낯선 사람을 위해서는 피부를 떼어내지는 못할 것 같아요."

점동이가 로제타에게 말했다.
"저도요."
곁에서 오와가도 덧붙었다.
"그런데 선생님, 봉업이가 그 소녀에게 자신의 피부를 주고 싶대요."
봉업이는 이화학당 소녀 중에서 가장 말괄량이로 소문난 아이였다.
"정말? 그럼 내일 병원으로 내려오라고 해라."
그다음 날 소녀의 붕대를 가는 시간에 맞춰 봉업이가 왔다.
"봉업, 아플 거야. 참을 수 있겠어?"
"네. 참을 수 있어요."

봉업이는 씩씩하게 대답했다. 약속대로 봉업은 피부 조각을 떼어내는 동안 미동도 하지 않았다. 그녀의 용기 있는 행동에 감동을 받아 로드와일러와 벵겔까지 피부 기증을 자원하였다. 그러자 환자 자신도 자신의 피부에서 몇 조각을 더 이식할 수 있도록 허락했다. 나중에 문병을 왔던 환자의 오빠도 자신의 피부를 나누어 주었다. 이렇게 붕대를 갈 때마다 서너 조각의 피부를 이식하여 30조각가량의 식피술植皮術을 진행했다. 그중에서 여덟 조각이 살아나서 작은 살점들을 만들었고, 그것들이 뻗어 나가 다른 살점과 서로 연결되면서 피부의 여백을 채워 나갔다.

"선생님, 저는 이 누가복음을 두 번 읽었어요."

윤 씨 소녀가 눈망울을 반짝이며 쪽복음서를 들어 보였다. 며칠 후, 로제타가 환자 대기실로 들어서는데 윤 씨 소녀가 환자들에게 성경을 읽어주고 있었다. 로제타는 그 자리에 서서 한동안 소녀를 흐뭇하게 바라보았다.

"박사님, 뭐라 감사해야 할지 모르겠어요. 박사님께서 우리 딸의 팔자를 바꾸셨어요."

오랜만에 딸을 보러 온 윤 씨 소녀의 어머니가 고개를 깊이 숙이며 말했다. 그녀는 감사의 선물로 수탉 한 마리와 암탉 세 마리를 가져왔다. 선물을 받으며 로제타는 전날 만났던 여인이 생각났다. 엄청나게 큰 종기를 째고 입원해 있는 소년의 엄마였다.

"제 몸이라도 팔아서 은혜를 갚고 싶지만 그럴 수도 없는 신세랍니다."

눈물을 흘리며 연신 고개를 조아리던 그녀는 어느 양반집의 노비였다. 로제타가 만나는 조선 사람들은 누구나 예절이 바르고 도움을 받으면 어떤 방법으로든지 은혜를 갚으려 들었다. 로제타는 그 여인의 간절한 마음이 다시 느껴져서 가슴이 울컥했다.

어느덧 크리스마스가 다가왔다. 학교의 여학생들, 병원 환자들 등 50여 명이 함께 모여 노래하고 기도하며 선물들을 나누었다. 다 같이 "기쁘다 구주 오셨네"를 합창했다. 윤 씨 소녀도 누구보다도 큰 목소리로 노래를 따라 불렀다. 미국 주일학교에서 보내온 인형들을 선물 받은 어린 여학생들이 기뻐하는 모습은 로제타의 마음을 흐뭇하게 하였다.

"닥터 셔우드, 우리 인형들에게 이름을 지어주세요."

스크랜튼 박사 집에서 크리스마스 만찬을 마치고 8시쯤 돌아오니 낮에 미국 인형을 선물 받았던 어린 여학생들이 로제타를 기다리고 있었다. 로제타는 아이들이 자신을 찾아온 것이 더할 수 없이 기뻤다. 그동안 병원 일에 바빠서 환자로 오는 여학생들을 제외하고는 아이들과 개인적으로 마주할 시간도 없었기 때문이었다.

"자, 볼까? 이 아이는 드보라, 얘는 제시, 그리고 또 얘는 그레이스, 쟤는 로사, 음…. 그 애는 에바가 좋겠다."

로제타는 인형들을 하나하나 살펴보며 이름을 지어주었다. 아이들이 썰물처럼 빠져나가고 저녁 9시가 되어서야 로제타는 혼자만의 조용한 시간을 맞이할 수 있었다. 그때서야 하루 종일 1분도 조용한 시간을 내지 못하고 지나갔음을 깨달았다.

'지금쯤 고향 집에서는 "메리 크리스마스"라며 성탄 인사를 주고받기 시작하겠지. 몇 분 만이라도 잠시 그곳으로 가서 아버지, 어머니, 애니(Annie Sherwood), 그리고 조(Josiah Wilson)를 볼 수 있으면 얼마나 좋을까. 그저 모두가 행복하게 잘 지내고 있다는 것만을 확인할 몇 분 만이라도….'

애니는 동생이었고, 조는 어려서부터 함께 살았던 삼촌 같은 이였다. 고향의 가족들과 더불어 너무도 그리운 사람의 얼굴이 떠올랐다. 그가 일 년 전 크리스마스에 메트로폴리탄 미술관을 관람하고 나오는 길에 그녀에게 말했었다.

"로제타, 저와 결혼해 주지 않겠어요?"

로제타는 갑작스러운 그의 청혼에 너무도 놀랐었다. 잠시 감상에 젖어 있던 로제타는 고향의 아버지가 특별히 부탁했던 편지를 이어 쓰기 시작했다. 조선까지 오는 여정, 일본과 한국에서 자신이 보고 느낀 점을 자세히 기록하여 보내 달라는 것이었다. 일본에서 구입한 두루마리 편지지에 꼼꼼히 여정을 기록하고 중간중간 오는 도중에 입수한 사진들도 붙였다. 30m에 이르러 가는 긴 편지는 크리스마스가 되기 전에 부치려 했었다. 그런데 이제는 해가 가기 전에 보내는 것으로 계획을 수정했다. 편지는 고향을 떠난 이후 기록한 종합 보고서였다. 가족, 친구들뿐 아니라 여성해외선교회 리버티지부의 회원들까지 함께 돌려 읽기를 바라며 상세하게 기록하고 있었다.

윤 씨 소녀도 노비의 아들도 건강해져서 집으로 돌아가는 것이 로제타에게는 하나님으로부터 더할 수 없이 기쁘게 받은 크리스마스 선물이었다. 태어나서 처음으로 이국에서 맞이한 크리스마스였지만 그 어느 해보다도 예수님을 맞이하기에 합당한 성탄절이었다.

5. "내 아이들"과 새로운 계획

1891년 새해는 하얀 눈과 함께 맞이했다. 재야 예배를 마치고 나오니 끝없이 펼쳐진 흑색의 비단 위에 셀 수없이 많은 수정을 박아 넣은 듯한 하늘이 펼쳐져 있었다. 그 하늘 아래 순백의 세상이 펼쳐져 있었다. 그 순간, 로제타의 입에서는 자신도 모르게 아름다운 기도가 흘러나왔다.

"오, 사랑하는 하나님, 당신께서 지난해를 묻어버린 것처럼 저의 옛 자아도 묻어 주시고 당신의 의로움으로 저를 덧입혀 당신의 거룩하심과 사랑만을 볼 수 있게 하소서."

하루 종일 자신을 집요하게 괴롭히는 생각이 하나 있었다. 자신이 너무 자기중심적인 것은 아닐까 하는 고민이었다. 새해 첫날, 로제타가 살고 있던 감리교 여성해외선교회 서울 지부를 많은 이들이 방문했다. 조선의 "여성감독"Lady Bishop이라는 별명으로 불리는, 서울에 살고 있는 외국인 중에서 가장 존경을 받는 스크랜튼 대부인과 함께 살던 까닭이었다. 35명의 조선인을 포함해서 미국인, 영국인, 독일인, 러시아인, 프랑스인, 중국인, 일본인 등 60여 명이 다녀갔다. 로제타는 다른 세 명의 미혼 여성 선교사들과 함께 하루 종일 그들을 접대해야 했다. 처리해야 할 일들이 머릿속에 가득했던 로제타는 이들과 기쁜 마음으로 어울릴 수 없었다. 다른 사람들이 자신의 감정을 눈치채지 못하도록 안간힘을 쓰는 한편으로 자신에 대한 자책감은 어쩔 수 없었다.

"나는 그들의 즐거움을 빼앗고 싶지 않지만 이미 그러고 있는 것 같다. 나는 온통 나 자신에게만 빠져있다. 사랑하는 하나님 아버지, 올해는 내 중심의 신앙에서 벗어나 내가 중심이 아닌 신앙으로 살 수 있도록 도와주소서."

로제타는 그날 밤 일기에 이렇게 적었다. 하지만 이런 기도는 결벽증 같은 것이었다. 사람들과 어울려 노는 데는 소질이 없었으나 의사로서는 자기 몸을 돌보지 않는 희생적인 삶을 이어가고 있었기 때문이었다.

1891년 1월 25일, 주일에 점동과 봉순 어머니가 세례를 받았다. 그날 이후 점동은 에스더, 봉순 어머니는 사라가 되었다. 주일예배와 세례식, 주일학교의 교사 일을 마치고 나니 오후 4시였다. 겨울철이어서 왕진을 가야 하는 서대문 밖의 가난한 소녀 환자를 찾아가기에는 늦은 감이 있었다. 그래도 나서지 않을 수 없었다.

로제타는 편도선염으로 며칠 동안 심한 통증으로 고통받고 있었다. 심신이 지치고 아파서 한국에 온 후 처음으로 울고 말았다. 해야 할 일은 쌓여 있고 열이 오르면서 온몸이 아팠다. 목이 너무 아파서 음식도 며칠째 삼키지 못하고 물로 된 것만 겨우겨우 넘기며 연명하고 있었다.

"선생님, 너무 힘드신데 쉬셔야 하지 않을까요?"

낮에 통역을 맡는 오와가가 말했다. 한국의 관습상 여자들이 낮에 돌아다닐 수 없는 까닭에 점동은 야간 왕진 갈 때만 데리고 다녔다.

"이쪽 환자들은 그래도 가까워서 이렇게나마 보살필 수 있잖아.

우리 병원에 의사가 한 명만 더 와도 동대문 쪽에도 진료소를 내고 밤에도 병원 문을 열 수 있으련만…."

로제타가 항상 안타깝게 생각하는 바였다. 미국 선교회에 계속 여의사를 추가로 파견해 주기를 요청하고 있었지만 언제 올 수 있을지 알 수 없는 노릇이었다. 로제타는 왕진 갈 때마다 가방을 들고 자신을 수행하는 관식과 오와가를 데리고 서대문 밖으로 나갔다.

다행히 소녀의 종기는 쨀 수 있을 만큼 충분히 곪아 있었다. 한국의 고약이 제법 효과가 좋았다. 전날 와서 절개를 해야 했는데 짬을 내지 못했다. 등불을 가까이 비추면서 종기를 가르자 엄청난 양의 고름이 솟구쳐 나왔다. 8온스 고름 통을 다 채우고도 넘쳐흘러서 방바닥과 로제타의 치맛자락까지 적셨다. 상처를 닦아내고 거즈로 패인 곳을 채운 뒤, 붕대를 감고 나서야 방안을 둘러볼 여유가 생겼다. 서 있을 수 없을 정도로 낮은 천장 아래 거적때기를 깐 방바닥에 꼬질꼬질한 이불을 덮고 누워 잠든 소녀의 얼굴은 마침내 고통에서 벗어나 편안해져 있었다.

'어제 왕진 갔던 조대비의 조카 집과는 너무도 대조적이구나.'

로제타는 전날 방문했던 화려하기 그지없었던 권문세족의 집이 생각났다. 그 집의 안방마님은 로제타가 매일 자신을 방문하여 보살펴야 한다고 생각했다. 가마를 보내주고 좋은 음식을 대접하며 자기 곁에 오래 붙잡아 두려 했던 조대비 조카였지만 감사하는 마음은 빈약하기 이를 데 없었다. 반면에 감사하는 마음은 가난한 소녀의 부모가 훨씬 풍족했다. 로제타는 이렇게 가난한 이들에게 더 큰 관심과 사랑이 갔고, 그들을 위해 더 많은 일을 하고 싶었다.

"매우 고맙소."

그들은 연거푸 고개를 숙이며 고맙다는 말을 해대었다.

"내일 아침에 병원으로 약을 타러 오세요. 가능한 한 빨리 다시 보러 올게요. 짬이 나면 내일이라도요."

소녀의 부모는 지난번에 주었던 3일 분량의 약을 한꺼번에 먹여 버린 후여서 먹일 약이 없었다. 로제타는 찬 바람을 쐬며 깜깜한 길을 걸어 집으로 돌아오는 것이 너무도 힘들었다. 그렇다고 일을 멈추고 자신의 병이 낫기를 기다리고 있을 수만은 없는 노릇이었다. 의사로서 자신의 병도 고치지 못하는 자신이 한없이 무력하게 느껴졌다.

그 후로 며칠 동안은 밀려드는 환자들과 왕진 요청으로 과로를 하게 되어 목소리조차 나오지 않을 지경으로 병이 악화되는 듯싶더니 다행히도 일주일이 지나면서 조금씩 나아졌다.

"셔우드 박사님, 메리 언니 신랑이 불을 끄고 잠자리에 들기 전에 언니에게 성경을 읽어주었어요."

1891년 2월 3일 밤, 점동이 방으로 헐레벌떡 달려 들어오며 로제타에게 말했다. 그 무렵 점동과 오와가는 매일 밤 로제타의 방에 들렀다. 조선에서는 전통적으로 결혼식 첫날밤에 어린 미혼 여성들이 창호지 문구멍으로 신방을 훔쳐보는 풍습이 있었다. 에스더도 그 소녀들 틈에 끼어 있다가 달려온 듯했다.

메리는 그날 낮에 로제타가 살고 있던 감리교 여선교회 관사에서 결혼식을 올린 여순이였다. 그녀는 이화학당의 학생이자 로제타의 주일학교 학생이기도 했다. 열일곱 살의 착하고 정이 많은 여순이는 로제타가 일하는 병원 문지기의 무남독녀였다. 무지몽매하기 그지없는 부모는 딸이 열두 살 되던 해에 그녀를 어느 부자에게 첩으로 팔았다. 그 무렵부터 여순이는 이화학당에 들어왔고, 메리라는 이름으로 세례를 받았다.

메리의 결혼식은 다른 대부분의 여학생과 마찬가지로 선교사들이 주선했고, 결혼식이 곧 학당의 졸업식이었다. 신랑감은 스크랜튼 박사 병원의 약제실에서 일하는 황현모였다. 메리가 황현모와 약혼을 하고 사주단자를 받기 전이었다. 시골에 살고 있던 메리를 산 부자가 그 소식을 듣게 되었다. 그는 스크랜튼 대부인과 언더우드 목사에게 편지를 보내 메리가 자신의 소유라고 주장했다. 그러자 온통 메리의 이야기가 소문의 중심이 되어 누구나 마주치기만 하면 그 얘기였다.

"미스터 황이 과연 메리와 결혼을 하려 할까요?"

선교사들이나 조선인 조력자들이나 학생들이 갖고 있던 한결같은 의문이었다. 사실 황씨가 메리와 결혼하지 않겠다고 한다면 그만이었다. 로제타나 서양 선교사들은 이해할 수 없는 상황이었지만 조선의 풍습으로는 함께 산 적이 없어도 여전히 메리는 그 남자의 첩으로 여겨졌다.

"만약 황씨가 메리와 결혼을 거부한다면 아무도 메리와 결혼하려고 하지 않을 거예요. 그리고 메리는 영원히 누군가의 첩으로 간주될 거예요."

"그렇지만 우리가 어쩌겠어요? 미스터 황의 결정에 따를 수밖에요. 그가 파혼한다 해도 아무도 그를 비난할 수는 없어요."

선교사들은 모두 근심에 싸여 걱정했지만, 황 씨에게 압력을 가할 수는 없었다. 그저 그가 스스로 결정을 내리도록 기다리는 수밖에 없었다.

"그녀와 결혼을 하겠습니다."

한동안 결혼을 망설이며 고민에 싸여 있던 황 씨가 스크랜튼 박사에게 용기 있게 말했다. 사실 그때까지 황 씨가 메리를 본 적도 없으니 그녀를 사랑한다고 할 수도 없었다. 다행히도 황 씨가 고아였다는 점이 두 사람을 결혼할 수 있게 한 결정적인 이유가 되었다. 조선의 규범상 시부모가 있었다면 다른 사람의 첩으로 팔렸던 여성과의 혼인은 하늘이 두 쪽이 나도 안 될 일이었다. 선교부 주변의 모든 사람이 안도의 한숨을 내쉬었다. 메리가 황 씨로부터 파혼을 당한다면 선교사들이 메리를 어찌해야 할지 난감한 상황이었기 때문이었다.

"에스더, 메리가 결혼하니, 너도 결혼하고 싶어?"

로제타가 짓궂은 표정으로 점동에게 물었다.

"혼인은 생각만 해도 끔찍해요. 하나님께서 인간을 처음으로 창조하실 때 왜 남편과 아내로 만드셨는지 불만이에요. 형제자매로 만드셨다면 결혼을 하지 않아도 되었을 테니까요."

점동이 펄쩍 뛰면서 말했다.

"하하하. 에스더, 넌 참 재미있는 아이야."

로제타는 점동의 말에 배꼽을 잡고 웃었다.

"결혼하고도 메리 언니가 이곳을 떠나지 않게 되어서 천만다행이에요."

결혼식 이후에 메리는 정동의 감리교 선교부 안의 스크랜튼 박사 병원 뒤에 있는 집에 살기로 되어 있었다. 세 칸짜리 한옥은 이미 수리를 마치고 도배가 되어 있었다.

사실 로제타야말로 에스더가 결혼하지 않고 오래오래 자신과 함께 일해 주면 얼마나 좋을까 생각하고 있었다. 설사 결혼을 하게 되더라도 그녀에게 합당한 사람이 나타날 때까지 기다렸으면 하는 바람이었다.

"박사님, 저는 하나님을 잘 믿다가 죽어 천국에 간 뒤, 하나님께서 소원을 물으면 남자가 되고 싶다고 말할 거예요."

"왜? 남자가 되고 싶어?"

"밖에 나가 일을 해서 돈을 벌어 어머니에게 집을 사드리고 싶어서요."

에스더가 한숨을 쉬며 말했다. 로제타는 이렇게 말해주고 싶었다.

'조선에서는 거의 없는 일이지만 여자도 일을 해서 돈을 벌 수가 있단다. 이곳에 오래 머물렀다가 나중에 이경숙 선생처럼 교사로 일하던가, 아니면 병원에서 계속 나를 도와준다면 우리가 월급을 줄 수도 있겠지.'

로제타는 그 말을 입 밖으로 꺼내지는 않았다. 대신 화제를 돌렸다.

"에스더, 오와가. 내가 이제 몸이 좀 좋아졌으니 애니, 봉순, 수잔과 함께 공부를 시작하자."

점동, 오와가, 애니, 봉순, 수잔, 메리는 로제타가 담임하는 주일학교 고급반의 영어 수준이 제일 높은 학생들이었다. 로제타는 이 아이들을 "내 아이들"my girls이라고 부르고 있었다.

"오와가랑 저만 하던 병원 공부 말고요?"

"그동안은 너희 둘에게 내가 당장 필요한 도움을 받기 위한 기술만을 가르쳤는데 이제 의학의 기초가 되는 이론을 가르쳐 보고 싶어."

로제타는 이 아이들 모두가 언젠가 의사가 된다면 얼마나 좋을까 생각했다.

'언제까지 미국에 여의사를 보내 달라고 조르며 그저 기다리고 있을 것인가?'

로제타는 의과대학 재학 중에 만났던 동기생 케이 오카미를 생각했다. 그녀는 일본인 최초의 여의사였다. 로제타는 조선으로 오는 길에 일본을 거쳐 오며 그녀의 진료소를 방문하기도 했다. 모교인 펜실베이니아 여자의과대학이 일본, 인도, 시리아의 첫 여의사를 배출한 학교라는 사실이 다시 떠올랐다. 그 나라에 가 있던 선교사들이 보낸 재능 있는 여성들이었다. 이 아이들이 그렇게 되지 못할 이유가 없었다.

"박사님, 이제는 매일 밤 이 방에 들르지 않으면 꼭 무언가를 잃어버린 것처럼 느껴져요."

에스더가 생각에 잠겨 있던 로제타에게 말했다.

"뭘 잃어버렸다고? 뭔데?"

"아니요. 정말 답답해요. 제가 영어를 더 잘해서 선생님에게 설명을 잘할 수 있었으면 좋겠어요."

"나도 한국어를 잘했으면 정말 좋겠어. 그런데 도대체 한국어 공부를 할 짬이 안 나네."

로제타는 한참 동안 에스더의 부연 설명을 들은 후에야 에스더가 했던 말의 뜻을 제대로 이해할 수 있었다. 아이들이 돌아간 뒤 로제타는 깊은 생각에 빠졌다. 원래 계획은 매일매일 한국어 교습을 받기로 되어 있었다. 하지만 환자를 보고 왕진을 가고 하다 보면 한국어 수업을 받을 짬이 나지 않았다. 지난 한 달 동안 병원 진료 이외에도 열일곱 군데 왕진을 갔었다. 한 건의 언청이 수술과 종양 제거 수술도 했다. 얼마 전 감리사인 아펜젤러 목사로부터 한국어 습득이 느리다고 질책을 받았던 것이 생각나 마음이 무거워졌다.

"닥터 셔우드, 진료보다 한국어 수업이 우선 되어야 합니다."

"지금까지 전혀 그러지 못했어요. 도저히 시간이 나지 않아서요."

"이틀에 하루는 병원 문을 닫고 그 시간에 한국어 공부를 하세요."

그래서 이틀에 한 번은 못 해도 매주 수요일은 한국어 교습을 받기로 했었다. 그렇지만 한편으로는 정말 그래야 할까 하는 의문이 고개를 들었다. 자신이 이곳에 온 것은 몸이 아파서 온 이들을 치료해 주며 그들에게 영혼을 치료하는 분도 함께 만나게 하려는 것이었다. 그러니 그들과의 의사소통은 꼭 필요했다.

'하지만 환자들이 몸이 아파 나를 찾을 때 언어 공부를 해야 하

니 나중에 도와주겠다고 하는 게 말이 되는 것일까?'

항상 갖고 있는 의문이었다. 그동안 로제타는 자신이 말을 하기보다는 일을 하기 위해 부름을 받았다고 생각해 왔다.

"제가 더 많은 환자를 만나고 그들에게 도움을 주는 것이 결과적으로는 더 많은 이들을 하나님께 인도하는 길이 아닐까요? 오! 하나님, 저에게 지혜를 더해 주셔서 제가 당장 무엇을 먼저 해야 하는지 깨닫게 하소서."

로제타는 간절히 기도한 뒤 성경을 펼쳤다. 고린도전서 13장이었다.

> 사랑은 가실 줄을 모릅니다. 말씀을 받아 전하는 특권도 사라지고 이상한 언어를 말하는 능력도 끊어지고 지식도 사라질 것입니다. 우리가 아는 것도 불완전하고 말씀을 받아 전하는 것도 불완전하지만 완전한 것이 오면 불완전한 것은 사라집니다. … 그러므로 믿음과 희망과 사랑, 이 세 가지는 언제까지나 남아 있을 것입니다. 이 중에서 가장 위대한 것은 사랑입니다 고전 13:8-10, 13

결국, 로제타는 한국어 공부를 위해 병원 문을 닫지는 않기로 했다. 말로 전하는 것보다 사랑을 실천하는 것이 더 중요하다는 결론이었다. 며칠 전 언청이 수술 후 달라진 자신의 얼굴을 보고 기쁨에 겨워 어쩔 줄 모르던 여인의 얼굴이 떠올라 자기도 모르는 사이에 미소를 머금었다.

언어 문제는 그 후로도 로제타를 지속적으로 괴롭혔다.

로제타는 3주 전부터 서대문 성벽을 담으로 하여 이어 지은 움막의 결핵 환자를 돌보고 있었다. 존스^{George H. Johns} 목사가 죽어가는 그녀를 발견하고 알려주어 토요일 밤, 9시에 급하게 왕진을 갔었다. 그 가족은 몇 달 전에 시골에서 상경하여 부잣집의 하인으로 들어갔는데 그녀가 병에 걸리면서 쫓겨났다고 했다. 그녀는 배설물이 가득 찬 요강 곁에 이불도 없이 짚더미 속에 누워 있었다.

"관식, 이 요강 좀 비워 오세요."

로제타는 요강을 들어 관식에게 비워 오라고 건네주었다. 관식은 로제타를 수행하던 조선인 청년이었다. 여인은 심한 설사를 하고 있었다. 숨을 쉴 수 없을 만큼 심했던 악취가 조금 덜해졌다. 짚더미를 들추고 너덜너덜한 누더기에 싸인 여인의 팔목을 잡아 맥박을 재었다. 뼈와 가죽만 남은 그녀는 폐결핵으로 죽어가고 있었다. 이미 회복될 가망은 없어 보였다.

"병원으로 옮겨서 치료를 받아보는 것이 어떨까요?"

"저는 이제 갈 때가 되었다는 것을 알아요. 그냥 이곳에서 죽고 싶어요."

그녀의 뜻대로 로제타는 왕진을 다니며 그녀를 보살폈다. 우유를 가져다주었을 때 굶주린 짐승처럼 허겁지겁 들이키는 그녀의 모습을 보며 가슴이 무너지는 듯 아팠다. 영양을 공급하고 통증을 완화하는 약을 복용하게 했더니 그녀는 일시적으로 좀 나아지는 듯했다. 하지만 결국 마지막 왕진에서 임종이 얼마 남지 않았음을 알았다.

"미스 벵겔, 결국 서대문 밖 움막집 여인이 죽었어요. 아침에 관식에게 진통제와 우유를 보냈었는데 그냥 들고 왔더라고요. 하나님은 왜 그렇게 가엾은 여인에게 고통스러운 삶을 이어가게 하셨을까요?"

로제타가 벵겔에게 물었다.

"누군가가 그 여인에게 예수님과 그의 구원의 능력에 관해 이야기해 주기를 바라셨기 때문이 아니었을까요?"

"하지만 난 한국어를 못 해서 그녀에게 그런 말을 전할 수도 없었어요. 그러니 그녀의 영혼 구원에 대한 책임에서 내가 자유로울 수 있을까요? 그리고 그 여인이 구원받았다고 생각해도 되는지 궁금해요."

벵겔이 여러 가지로 로제타를 위로했으나 귀에 들어오지 않았다. 로제타는 그 주제를 고민하며 성경을 탐구했다. 세상 사람들을 네 가지로 분류할 수 있을 것이었다. 복음을 전해 받고 선을 행하며 썩지 않음을 구하는 자와 오직 듣기만 한 사람들이 있을 것이었다. 그리고 복음을 전해 받지 못했으나 인간의 본성에 내재한 하나님의 빛으로 인하여 양심적으로 사는 사람들과 그렇지 못한 사람들이었다.

'선교사들이 가장 필요한 사람들은 두 번째와 네 번째 부류의 사람들일 거야. 그들에게 우리를 회개하게 하시는 하나님의 인자하심을 전해야 하니까 한국어를 빨리 습득하여 복음을 전할 수 있었으면 좋겠다. 하지만 순수한 마음, 사랑의 마음으로 예수님의 명령을 행하는 것이 더 중요하지 않을까? 가장 효율적으로 일할 수 있는 길은 무엇일까?'

로제타는 골똘히 생각했다. 결국, 언어를 공부하는 일에 시간과 노력을 들이는 것보다는 더 많은 일꾼을 기르는 것이 더 합리적인 것이라는 생각이 들었다. 자연스럽게 에스더를 향한 새로운 계획이 펼쳐졌다.

'나는 최선을 다해 에스더에게 모든 것을 가르쳐 주리라. 그녀가 계속 이 길을 간다면 적당한 때에 미국에 보내 학위를 받게 하는 것도 현명한 방법일 것이야. 하나님, 이 일에 관여하셔서 그녀와 우리를 인도해 주소서.'

메리가 기독교인 일꾼과 결혼하여 선교부 안에 머물며 함께 일할 수 있게 된 것도 참으로 다행스러운 일이었다. 로제타는 자신이 앞으로 가르칠 모든 소녀가 새로운 삶의 방식을 찾을 수도 있지 않을까 하는 생각으로 가슴이 뛰기 시작했다. 에스더, 수잔, 애니, 봉순을 하나하나 떠올리며 간절히 기도했다.

6. 생각의 차이

 1891년 신학기가 시작되기 전 겨울방학부터 로제타는 에스더와 봉순, 수잔, 애니, 오와가를 데리고 의학반 수업을 시작하였다. 수업은 매주 1회, 생리학과 약리학을 격주로 가르쳤다. 눈으로 관찰할 수 있는 피부에서 시작하여 모발, 손톱, 발톱, 땀샘 등의 피부 부속물, 피부의 변화를 시작으로, 근육과 뼈와 관절에 이어 개별 뼈들에 관해 설명했다. 로제타는 봄에 남산 근처에서 발견한 뼈를 가지고 있었다. 그것을 발견하고는 함께 갔던 관식에게 부탁하여 주어 온 것들이었다.
 "얘들아, 개학하고 나면 이 뼈들에 대해 자세히 가르쳐 줄게. 내가 미국에서 가져온 뼈들도 보여줄게. 그 뼈들은 내가 의대 다닐 때 해부한 것들이란다."
 아이들이 놀라움과 호기심으로 뼈들을 살펴보았다. 그런데 그 계획을 로드와일러가 알게 되면서 사단이 났다.
 "당신이 그 뼈들을 갖고 있는 것 자체만으로도 위험한 일이에요. 폭동이 일어나면 그 뼈들로 인해 우리 모두의 생명이 위태롭게 될 거예요."
 로드와일러가 흥분하여 목소리를 높였다.

"그 뼈들은 모두 저의 집 안에 있어요. 위험해진다면 제가 먼저 위험해질 것이고 폭도들이 집안까지 쳐들어 와서 집안을 뒤져 그 뼈들을 찾아냈다면 이미 그것이 있고 없고가 사태에 무슨 차이가 있겠어요? 미국, 영국, 러시아, 프랑스 공사관이 코앞에 있으니 실제로 우리의 생명에 위험은 거의 없다고 볼 수 있고, 폭도들이 여기까지 오기 전에 조선 정부가 그들을 저지시키지 않겠어요?"

로제타는 로드와일러의 두려움이 황당하게 느껴져 조목조목 따졌다.

"당신은 이곳에서 얼마나 살았나요? 이제 겨우 1년 남짓이잖아요. 나처럼 공포를 겪어본 뒤에 말하세요."

로드와일러는 1888년에 일어났던 영아소동에 관해 설명했다.

"조선인들 사이에서 우리가 어린이들을 데려다 잘 먹여 살을 찌운 다음 그 피를 빨아먹는다느니, 아이들의 눈을 뽑아 카메라의 렌즈로 쓴다는 등 흉흉한 소문이 돌았어요. 그래서 흥분한 조선인들이 우리 외국인들과 학교 등을 습격했었다고요. 긴장감이 높아지자 주한 미국 공사가 여행 중인 모든 선교사를 소환하며 선교 활동을 중지시켰고 우리 학교도 6주간이나 문을 닫아야 했어요."

로제타는 흥분한 로드와일러와 더 이상 언쟁을 해서는 안 되겠다고 생각했다. 가만히 자신을 쳐다보고 있는 로제타를 향해 로드와일러가 덧붙였다.

"심지어는 우리 학교에서도 소녀들의 눈과 혀로 약을 만들고 있다는 허황된 소문까지 났었다고요. 그래서 학생들을 모두 집으로 돌려보낸 다음에 우리도 짐을 싸 여차하면 공사관으로 대피할 준비를 하고 있었다니까요."

"그렇다면 그들이 왜 이곳에 와서 당신을 공격하지 않았을까요? 당신이 무서워서일까요? 아니면 그들의 신이 무서워서였을까요?

그도 아니라면 그들이 이제는 다른 신을 믿는다고 생각하시나요?"

"전능하신 하나님의 손길이 막아주신 것이라 생각해요."

"그럼 지금은 하나님의 팔이 짧아졌다고 생각하시나요?"

"그건 아니지만, 중국에서 일어나고 있는 일들을 보세요."

당시 중국에서는 사회적 모순에 대한 불만이 서양 문화와 서양 인들에 대한 반감으로 표출되면서 선교사들과 기독교가 공격당하고 있었다.

"그들이 이곳에 쳐들어오지 않은 것이 하나님께서 막아주신 것이라고 본다면 그들이 침입하는 것 또한 같은 견지에서 봐야 하지 않을까요?"

로드와일러는 더 이상 반론을 제기하지 않았다. 그렇다고 로제타의 입장에 동의하는 것으로 보이지는 않았다. 로제타도 짧은 기간 동안 이곳에서 살아온 자신의 생각이 옳다고 우길 수는 없었다.

"이 문제는 본부와 상의해 보겠습니다."

로제타는 아펜젤러 목사를 찾아갔다.

"로드와일러 선생의 말을 따르는 것이 안전할 거라고 생각합니다. 올링거$^{Franklin\ Ohlinger}$ 목사님, 맥길$^{William\ B.\ McGill}$ 박사님과도 상의해 보는 것이 좋겠습니다."

아펜젤러 목사의 말에 따라 로제타는 두 사람에게 의논했다.

"저는 수업 시간에 뼈들을 사용하지 않는 것이 좋겠다고 생각합니다."

올링거 목사의 말이었다. 그러자 곁에서 두 사람의 대화를 듣고 있던 올링거 목사의 부인이 말했다.

"중국에서는 서양 의사들이 모두 골격 표본을 갖고 있는 것이 일반적이에요."

로제타는 두 사람을 번갈아 보며 물었다.

"뼈들의 사용 여부를 떠나서 그럼 제 뼈들을 당장 없애버려야 할까요, 아니면 어딘가에 보관해 두어도 될까요?"

"없애기까지 해야 할 필요가 있을까요?"

올링거 목사의 의견이었다.

다음으로 찾아간 맥길 박사 부부는 전혀 문제가 되지 않는 문제라며 긁어 부스럼을 만드는 꼴이라며 옛이야기를 하나 들려주었다.

"옛날에 노처녀 딸을 둔 노파가 있었대요. 하루는 수심에 차 있는 노파를 발견한 딸이 어머니에게 이유를 물었대요. '네가 결혼해 아기를 낳아야 한다고 생각하고 있었는데 갑자기 선반에서 가위가 떨어져 아기 눈에 박히는 장면이 떠오르지 뭐냐. 얼마나 끔찍한 일이냐!'라고 했더랍니다."

세 사람은 배꼽을 잡고 웃었다.

"나라면 사람들이 뭐라 해도 절대로 뼈들을 없애지 않을 것입니다. 인체 골격 표본을 가져오지 않아서 아쉬워했는데 셔우드 박사가 뼈들을 가지고 있다니 아주 기쁩니다."

로제타는 다시 아펜젤러 목사를 찾아가서 여러 사람의 의견을 전하면서 덧붙였다.

"다음 주에는 약물학 수업이 있으니 당장 결론을 주지 않으셔도 됩니다. 꼭 없애라 하신다면 제가 가진 가장 좋은 옷을 없애라는 말보다 더 힘든 일이겠지만 그렇게 하겠습니다."

"셔우드 박사, 방 한쪽에 뼈들을 보관해 두고 학생들과 다른 이들에게 필요할 때는 보여주세요. 하지만 교실에는 들이지 않는 것이 좋겠습니다."

아펜젤러 목사가 내려준 결론이었다.

"감사합니다. 꼭 그렇게 하겠습니다."

로제타는 안도의 한숨을 내쉬었다. 그리고 그 결정이 번복되지 않기를 기도했다. 같은 사안을 두고 생각이 달라서 함께 일하는 사람들과 갈등들이 발생하고는 했다. 로제타는 교육 사역과 의료 사역을 분리해서 의사들과 간호사들의 주거비용 등을 따로 책정해 달라고 선교 본부에 요청하면 불필요한 과정을 줄일 수 있지 않을까 하고 생각했다.

"스크랜튼 대부인이 계셨더라면 모든 결정이 더 매끄러웠을 텐데…."

로제타는 다시 스크랜튼 대부인의 빈자리가 더 크게 느껴졌다. 얼마 전에는 자신과 벵겔이 로드와일러의 기분을 상하게 했음을 나중에야 알게 되었다. 스크랜튼 대부인의 휴가 이후 로드와일러가 이화학당의 당장을 맡고 있었다. 그런데 그녀와 상의하지 않고 벵겔과 로제타 두 사람이 그동안 벵겔이 맡고 있던 수업 하나를 루이스Ella A. Lewis가 대신하기로 결정한 일이었다. 루이스는 뉴욕에서부터 로제타의 친구인데 새로 조선에 파견된 선교사이자 간호사였다.

그러고 보니 로제타는 자신이 의학반 수업을 시작할 때도 사전에 로드와일러와 상의하지 않았음을 깨달았다. 그동안 자신이 로드와일러의 권위를 인정하지 않고 있었다는 사실을 발견한 순간이었다.

'잘못이 없고 악의는 없었다 하더라도 그녀의 권위를 무시한 결과이니 지금이라도 이해를 구해야 하는 것일까?'

로제타는 사과를 해야 할까 곰곰이 생각해 보았다.

'그녀가 당시에 느꼈을 불쾌감을 이제야 깨달았다는 것을 알리는 것은 결국 그녀에게 다시 모욕감을 느끼게 하는 것은 아닐까? 내가 옳다고 생각하는 문제를 모두가 옳다고 생각하지 않을 수도 있음을 다시 명심해야지.'

이렇게 다짐했지만, 로드와일러와 또 부딪치고 말았다.
"당신이 병원 건물에 살지 않는 이유는 무엇인가요?"
로제타는 조선에 도착한 이후로 스크랜튼 대부인이 준비해 준, 병원과 분리된 별채에 살고 있었다. 로드와일러는 로제타가 별도의 건물에 사는 것을 의사로서 책임을 회피하는 것으로 여기고 있음이 분명했다. 하지만 로제타는 시도 때도 없이 진료를 청하는 환자들로부터 자신을 보호해야 할 필요가 있다고 생각했다. 병원을 찾아오는 많은 환자는 응급 상황이 아닌데도 막무가내로 두 시간이든 세 시간이든 진료를 청하면서 기다리곤 했다.
"저는 이 일이 하루 이틀하고 끝낼 것이 아니라 평생 해야 할 일이라고 생각합니다. 그러기 위해서는 규칙적으로 일하고, 밥 먹고, 잠자고, 운동하고, 공부해야 한다고 생각합니다. 쉬지 않고 계속 일하다가는 지칠 것이고, 결국에는 내가 섬기고자 하는 사람들에게 나쁜 영향을 미치게 될 것이에요."
"하지만 당신은 여기에 환자들을 보살피기 위해 파견되었고 언제든 그들이 필요할 때는 달려가야 하는 것이 아닌가요?"
"지금까지 저를 찾는 이들 중에서 위급하게 제 도움이 필요한 경우는 백에 하나 정도였어요. 간호를 맡은 봉순 어머니와 루이스가 판단하여 제가 꼭 필요한 경우에만 달려가도 될 것으로 생각합니다."
로드와일러는 여전히 로제타의 말에 수긍하지는 않았다. 로제타는 그녀의 생각대로 병원 건물에 살면서 업무 시간과 쉬는 시간을 분리하지 않고 일하고 싶은 마음은 없었다. 그 시점에서 타협할 수 있는 것은 로드와일러에게 가진 반감을 없애는 것이라고 결론지었다.
'가장 어두운 시간은 바로 해뜨기 전이라 하지 않았던가. 그녀는 유능한 행정가이고 사랑도 많은 사람이다. 그녀를 사랑하기 위해

노력해야지.'

로제타는 일기장에 자신의 결심을 적어 넣었다.

며칠 후에 로제타는 읽고 있던 조지 맥도널드 책에서 한 구절을 발견하고는 자신과 로드와일러의 관계를 다시 생각해 보았다.

> 대부분의 사람은 자신이 접하거나 상상할 수 있는 것만 믿는다. 이런 사람들은 생각이 전혀 다른 사람들이 내리는 판단을 자신에게 적용되지 않는다는 이유만으로 한 푼의 가치도 없다고 여긴다는 점을 확실히 알아야 한다.

로제타는 이 말이 자신에게 꼭 필요한 말이라 생각했다. 다시 생각하니 로드와일러와 자신의 생각 차이는 사실 별거 아닐 수도 있었다. 며칠 전에 병원으로 데려와 입원을 시킨 과부 김 씨가 당한 일을 생각하면 조선의 남자들과 자신의 생각 차이는 가늠할 수도 없었다.

과부 김 씨는 로제타가 3주 동안 온갖 노력 끝에 감옥에서 데려와 입원시킨 여성이었다. 김 씨는 노비였던 조카가 도망쳐서 사랑하는 이와 결혼하는 것을 도와주었다는 이유로 체포되어 갇혀 있었다. 그녀는 함께 수감되어 있던 스무 명 남짓한 남자 죄수들로부터 집단 성폭행을 당해 거의 송장이나 다름없는 상태가 되어 있었다. 로제타는 부르르 떨며 자기도 모르게 내뱉었다.

'짐승들! 아니 짐승만도 못한 인간들 같으니라고!'

그녀를 성폭행한 남자들을 생각하면 소름이 돋고 구역질이 올라올 지경이었다. 읽고 있던 조지 맥도널드의 말을 되새기며 일기장에 적어 넣었다. 참으로 올바른 말이었다.

"사람이 형제를 지켜야 하는 것은 영원히 지켜져야 할 법이지만 지속적으로 위반된다. 자매를 지켜야 하는 법은 더 강력하게 지켜져야 한다. 이 문제는 개인의 성장, 국가적, 혹은 모든 문명과 관련된 문제이다."

로제타는 자신이 태어나고 자란 조국에 비해 조선에서 자매들에 대한 대우가 너무나도 뒤떨어져 있는 점에 항상 너무도 안타까웠다. 조선에는 아직도 노비제도가 살아 있었다.

'미국도 내가 태어나던 1865년에야 노예가 해방되었던 것을 생각해 보면 아직 인간의 문명이 가야 할 길이 멀구나.'

미국뿐만 아니라 유럽에서도 남성과 여성의 지위는 미국 여성과 한국여성의 간격보다 더 크게 차이가 났다. 로제타는 미국에서 활발하게 진행되는 여성들의 참정권 운동을 생각했다. 하나님께서 여자들을 남자들보다 덜 사랑하신다는 것에는 전혀 동의할 수는 없었다. 자신이 이곳에 있는 이유도 지구 반대편의 가엾은 자매들에게 누구에게나 공평하게 내리시는 하나님의 사랑을 전해주려는 것이 아니었던가.

인류를 위해 봉사하려 거든 아무도 가려 하지 않는 곳에 가서
아무도 하려 하지 않는 일을 하라.

로제타가 다시금 곱씹은 좌우명이었다.

자신의 일은 결국 생각의 차이를 좁혀 나가는 일이었고, 예수님이 말씀하신 하나님 나라를 앞당기는 일이었다. 조선의 자매들을 지키는 일, 자매들의 개인적 성장을 북돋아 조선인들의 문명 수준을 향상시키는 일이 곧 자신의 사명이었다.

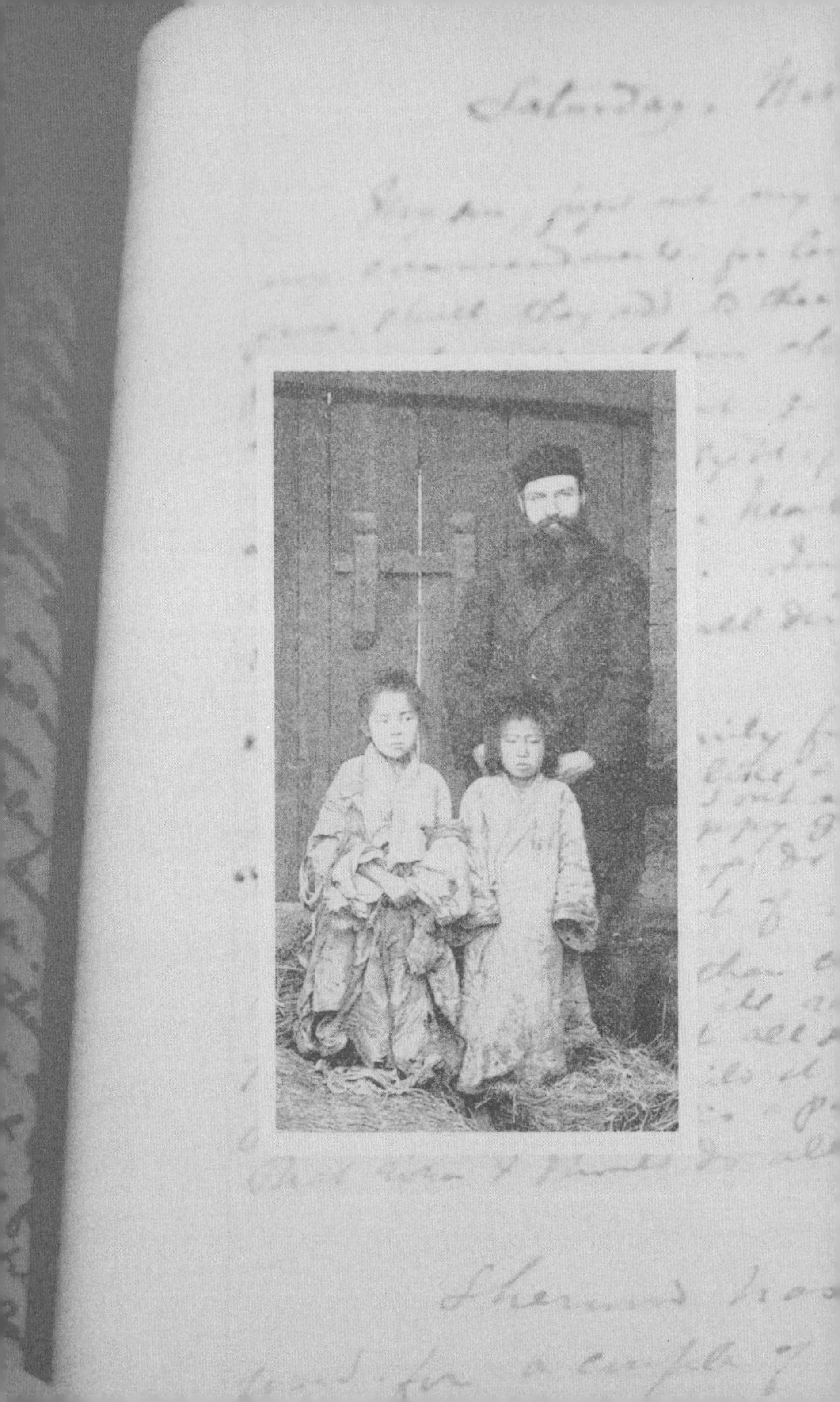

제2부

한 손에는 사랑을, 한 손에는 인술을

7. 그가 오다

조선에 온 후로 로제타가 가장 기다리는 날은 한 달에 두 번씩 돌아오는 편지 오는 날이었다. 고향 소식이 로제타의 손에 들어오기까지는 보통 6주 정도 걸렸다. 편지 중에서도 봉투를 열 때마다 가벼운 손 떨림을 가져오고, 콩닥콩닥 가슴을 뛰게 하는 것은 단연 윌리엄의 편지였다.

"당신을 향한 나의 사랑이 얼마나 뜨겁게 내 심장을 뛰게 하는지요! 당신과 내가 이렇게 멀리 떨어져 있음에도 마음으로는 이렇게 가까이 있음은 우리를 위한 크나큰 훈련임이 분명하오. 하나님께서 우리를 인도하고 계시고, 모든 것이 하나님의 영광과 선을 위해 협력하고 있음을 깨닫지 못했다면 나에게는 이 시간이 엄청난 시련이었을 것이오."

그가 보내오는 다정한 편지가 쌓일수록 그에 대한 그리움이 점점 더 커졌다. 항상 감정 표현이 서툰 자신에 비해 그의 말과 글에는 넘치도록 풍성한 사랑이 담겨 있었다. 그의 사랑을 받게 해 주신 하나님께 감사하는 마음이 샘솟았고, 자연스럽게 그와 함께하는 미래를 꿈꾸기 시작했다.

1891년 7월 20일, 로제타는 윌리엄으로부터 깜짝 놀랄만한 소식이 담긴 편지를 받았다.

"오늘 선교회 사무실에 갔다가 안식년 중인 스크랜튼 박사의 빈자리를 채우기 위해 한 사람을 보내야 할 경우 조선으로 갈 수 있겠느냐는 질문을 받았다오."

그동안 상상하지 못했던 일이 일어날지도 모른다는 기대가 부풀었다. 5년 동안의 이별을 각오하고 떠나왔던 길이었다. 여전히 그 긴 이별을 견뎌 내야만 한다고 자신을 다잡고 있었다. 윌리엄은 편지를 끝내면서 자신의 뜻대로 이루어지지 않는다 해도 받아들일 것을 염두에 두고 있었다.

"당신과 함께 있는 것을 몹시 원하지만, 이것은 이기적인 바람일 뿐, 나의 가장 큰 소원은 당신이 하나님을 가장 영화롭게 할 수 있는 곳에 있는 것이오."

로제타 또한 그와 같은 생각이었다. 그리고 한 달이 정신없이 지나갔다.

"우리가 함께하기 전에는 내 삶이 절대로 완전해질 수 없을 듯하오."

8월 6일에 로제타가 받은 편지에는 로제타와 함께하고 싶은 윌리엄의 마음이 더욱더 간절해져 있었다. 같은 날 로제타는 스크랜튼 대부인이 보낸 편지도 받았다. 그녀는 안식년을 맞아 지난 3월에 귀국하여 뉴욕에 머물고 있었다. 편지에는 로제타가 뉴욕 디커니스 홈에 있을 때 가장 가까이 지냈던 간호사 친구 루이스가 조선으로 파견된다는 반가운 소식이 담겨 있었다. 게다가 또 하나 로제타를 들뜨게 하는 또 다른 소식이 들어 있었다.

"그 청년은 몹시 조선으로 가고 싶다며 급여를 받지 않아도 상관이 없다고 했답니다. 그가 조선으로 오기를 바라나요? 날 두 번째 어머니로 생각하고 솔직하게 말해주세요. 당신이 언젠가 그와 결혼하기 원한다면 그가 조선으로 오는 것을 기뻐해야 하겠지요? 그래야 우리가 당신과 함께 계속 일할 수 있을 테니까요."

로제타는 잠시 편지를 내려놓고 생각했다.

'내 답변이 그가 오거나 아니거나 하는 결과에 얼마나 큰 영향을 미칠까? 주님께서 그가 조선에 있기를 원하신다면 그가 오게 되지 않을까? 내가 처음 이곳으로 올 때와는 다르게 그가 오기를 간절히 원하고 있는 마음 또한 그분께서 주신 것이겠지? 그렇다면 그가 올 것이야.'

로제타는 마음을 가라앉히고 당장 해야 할 일들에 충실하자고 다짐하며 지난 10개월 동안의 자신의 사역을 정리하기 시작했다. 진료 건수는 2,476건이었다. 나날이 느는 환자들의 진료, 수술, 왕진, 소녀들을 교육하는 일과 교육 자료 준비 등으로 일기와 편지를 쓰는 시간을 내기가 쉽지 않았다.

10월 9일에 받은 윌리엄의 편지는 로제타를 다시 실망하게 했다.

"뉴욕 선교부는 조선에 추가로 의사를 파견하지 않기로 했답니다. 대신 캐나다 선교회로부터 중국에 선교사로 가지 않겠느냐는 제의를 받았다오. 10월 30일에 상하이에서 당신을 만날 수 있을까요? 그곳에서 결혼을 하고 중국 서부 임지로 갔으면 합니다."

로제타는 그의 제안에 대해 깊이 고민했다. 하지만 결론은 지극히 이성적이었다.

'지금 결혼한다는 것은 무모하기 짝이 없는 일임이 분명해. 결혼하지 않고 기다린다고 해서 해로운 것은 없어. 내가 하나님과 그를 똑같이 사랑하지 않고 내 개인적 행복만을 바랐다면 오래전에 그와 결혼했을 거야.'

로제타는 독신 선교사로 5년간의 임기를 마치는 것으로 결론지었다. 그런데 하나님은 로제타의 생일에 깜짝 선물을 준비했다.

1891년 9월 19일, 로제타의 생일에 쓴 윌리엄의 편지는 10월 27일에야 로제타의 손에 들어왔다.

"방금 조선으로 발령을 받았다오. 난 이미 상하이로 짐까지 부친 후였는데 말이오."

로제타의 가슴은 감사와 기쁨으로 가득 차올랐다.

'제가 홀 박사를 이곳으로 이끄는 도구가 된 것이 조선의 선교 사역을 위해 제가 할 수 있는 가장 큰 일이 될 것입니다. 이 특권을 부여하신 하나님, 감사합니다. 우리를 이 길로 이끄시고 인도하신 하나님, 영광 받으소서!'

로제타는 윌리엄이 조선으로 파견되는 것은 자신뿐만 아니라 조선 사람들에게도 큰 축복이라고 확신했다. 누구보다도 그의 인품을 알고 있었고, 뉴욕의 빈민들을 위한 진료소에서 그가 얼마나 헌신적으로 일하는가를 보았기 때문이었다.

1891년 12월 17일 밤, 로제타는 서울에 있던 감리교와 장로교 선교사들이 함께하는 기도 모임에서 윌리엄과 거의 1년 반 만에 재회했다. 당시까지 두 사람의 특별한 관계를 알고 있는 사람은 뱅겔 뿐이었다. 두 사람은 서로를 향한 간절한 눈빛만 주고받았을 뿐 벅찬 감정을 꼭꼭 숨기고 있어야만 했다.

"오늘 밤 당신을 볼 수 있어서 얼마나 기뻤던지! 나의 감정을 얼마나 표현하고 싶었는지 모르오. 우리가 이곳에서 다시 만나 함께 사역할 수 있게 해 주신 하나님을 찬미합니다."

윌리엄이 로제타에게 보내온 메모였다. 로제타는 자신의 직속상사인 로드와일러에게 윌리엄과의 관계를 알려야만 하지 않을까 고민했다. 그런데 당시는 감리교 총각 선교사였던 존스 목사와 뱅겔의 약혼이 발표된 직후였다. 이미 로드와일러는 독신 여선교사를 잃게 된 것에 유감을 품고 있었다. 자신까지 계약을 파기할 것을 크게 염려할 것이었다. 로제타는 윌리엄에게 의견을 묻는 메모를 보냈다.

"언젠가는 알려질 게 분명합니다. 그러니 다른 사람에게서 듣기 전에 당신이 직접 이야기하는 것이 좋을 듯하오."

윌리엄의 권고를 듣고, 로제타는 밤 10시가 넘은 늦은 시각이었지만 로드와일러를 찾아갔다.

"스크랜튼 대부인이 재혼을 해서 남편과 함께 돌아왔다 해도 이렇게 놀라지는 않았을 거예요."

로제타의 이야기를 들은 로드와일러가 상상 이상으로 깜짝 놀라며 한 말이었다. 남자에게는 일말의 관심도 없는 듯한, 항상 근엄한 로제타에게 연인이 있었다는 사실을 믿지 못하는 듯했다. 그녀는 진심으로 축복한다며 키스를 해 주었다.

다음날 오후에 윌리엄이 로제타의 진료실을 방문했다. 진료를 마치고 오후 4시가 넘어서야 함께 병원을 둘러본 다음 산책하러 나갈 수 있었다. 그가 방까지 바래다주었을 때는 날이 어둑어둑해져 있었다. 한국에서의 첫 키스를 위해 의도했던 듯했다. 그는 로제타의 볼에 가벼운 키스를 하고는 수줍은 소년처럼 부끄러워하며 허둥지둥 떠났다.

'어머니의 무릎에 엎드려 볼기를 맞아야 하는 큰아기 같은 이 느낌은 뭐지?'

로제타는 얼굴을 붉혔다.

며칠이 지나가면서 사람들에게 윌리엄과의 관계에 대해 말하지 않아도 모두들 로제타의 들뜬 표정에서 두 사람이 특별한 관계임을 눈치채고 말았다. 로제타는 너무 행복했고 자신의 삶에서 비어 있던 부분이 가득 차서 완성된 듯한 기분이었다. 두 사람이 연인 관계인 것에 가장 충격을 받은 이는 에스더였다. 매일 밤 로제타의 방을 방문하고 특별한 애착 관계를 형성하고 있던 에스더는 윌리엄을 심하게 질투하기 시작했다. 윌리엄이 온 이후로 매일 밤 로제타를 방문할 수 없었고, 윌리엄이 두 사람 사이에 끼어든 것처럼 서운하기 그지없었다.

"이틀 밤마다 셔우드 선생님 방에 오시는 것을 보니 홀 박사님은 열병이 나신 게 분명해요. 이 약을 꼭 드셔야 할 것 같아요."

어느 날, 말괄량이 봉업이 윌리엄에게 열병약인 키니네^{Kinine} 캡슐을 주며 말했다. 알고 보니 에스더가 봉업에게 약을 들려주며 시킨 일이었다. 로제타는 그런 에스더가 귀엽기만 했다.

윌리엄이 도착한 후 두 주 가까이 지난 어느 날이었다. 아침 일찍, 에스더가 로제타를 찾아와 편지를 한 장 건네주고는 뽀뽀를 했다. 에스더의 얼굴은 큰 싸움에서 승리한 듯한 모습이었다. 에스더가 떠난 뒤 로제타는 편지를 펼쳐 보았다. 영어로 쓴 편지에는 자신의 감정을 솔직하게 표현하고 있었다.

"저는 선생님을 너무나도 사랑합니다. 저도 홀 박사님을 사랑하려고 노력하겠습니다. 선생님이 그분을 사랑하는 것을 질투하지 않겠습니다. 제발 저를 용서해 주세요. 490번 저를 용서해 주세요. 그러실 거지요? 지금 저는 착한 소녀가 되려고 노력하고 있답니다. 하나님께서 저를 축복하시고 착한 소녀로 만들어 주시길 기도합니다."

로제타는 편지를 읽으며 소리 내어 웃지 않을 수 없었다. 로제타는 사랑스러운 그 편지를 고이 접어 일기장 속에 간직했다. 이후 로제타와 에스더는 더욱 가까워졌다. 에스더는 자연스럽게 로제타를 박사님 대신 언니라고 부르기 시작했다.

윌리엄은 여학생들과 잘 어울렸다. 홀 박사가 있어도 여학생들이 로제타의 방을 자연스럽게 드나들었고 윌리엄은 소녀들에게 찬송가를 가르쳐 주며 함께 큰소리로 합창을 하곤 했다.
"당신은 계약 기간이 끝날 때까지 결혼을 미룰 생각이오?"
어느 날, 그동안 로제타의 눈치만 살피던 윌리엄이 물었다.
"모르겠어요. 여성선교회뿐만 아니라 당신에게도 올바른 결정을 하고 싶지만…"
로제타는 말끝을 맺지 못하고 흐렸다.
"결코, 그 임무가 충돌되어서는 안 되겠지요. 그럼 그냥 좀 더 두고 봅시다."
말은 그렇게 했지만, 로제타는 윌리엄이 하루빨리 이 문제에 대해 결론짓기를 바라는 것을 알고 있었다. 그녀 또한 어정쩡하게 지내고 싶지 않기는 마찬가지였다. 하지만 그녀를 괴롭히는 문제가 하나 있었다. 사실 로제타는 윌리엄을 사랑하고 있었지만, 육체적인 결합에 대해 심한 저항감을 느끼고 있었다. 누군가에게 터놓고 의논하고 싶어 어느 때보다 간절히 스크랜튼 대부인이 곁에 있었으면 하고 바랐다.
그렇게 어정쩡한 날이 흘러가고 있던 어느 날이었다.
"로제타, 로제타, 가까이 오시오."
윌리엄이 간절하게 로제타에게 가까이 오라고 속삭였다. 화들짝 놀라 깨어보니 꿈이었다. 그런데 갑자기 윌리엄이 그리워지면서 자신이 그의 아내가 되기를 진심으로 원하고 있었다는 것을 처음으로 깨달았다. 로제타는 자신에게서 결혼에 대한 저항감이 사라졌음을 느꼈다. 그동안 육체적 사랑에 대한 생각을 애써 떨쳐 버리려 노력하고 있었다. 하나님께서 자신을 변화시킨 것이라고밖에는 생각할 수 없었다.
다음 날 아침 윌리엄이 와서 로제타에게 짧은 이야기를 읽어주었다. 로제타는 전날 밤 자신이 고민했던 문제에 대한 해답으로 느껴져서 전율이 일었다.

몹시 추운 어느 날 밤, 땅이 하늘의 반짝이는 별들을 올려다보며 투덜거렸다.
"나를 만드신 분으로부터 이렇게 멀리 떨어져서 어떻게 그분께로 올라갈 수 있단 말인가?"
그때 씨앗이 와서 땅속으로 숨어들며 말했다.
"땅님, 당신의 힘을 저에게 나누어 주지 않을래요?"
"그럴 수 없어요. 내가 가진 것이라고는 이것뿐인데 이것마저 당신에게 주어 버린다면 난 아무것도 가진 게 없어질 거예요."
"그렇다면 당신은 영원히 흙일 뿐이요. 그 힘을 나에게 준다면 그대는 다른 생명으로 고양될 수 있어요."
씨앗의 말을 들은 땅은 자신을 씨앗에게 내주었다. 그리하여 씨앗은 햇빛과 비와 공기를 마시고 땅의 기운과 어우러져 가지와 잎을 내어 꽃을 피우고 열매를 맺어서 다시 씨앗이 되었다.

로제타에게는 그 이야기가 전날 밤에 자신의 변화에 대한 설명과 이해로 다가왔다. 그동안 자신은 이야기 속의 땅처럼 자신의 몸과 기운은 모두 자신의 것이기에 사랑하는 이에게도 양보할 수 없다고 고집하고 있었던 듯했다. 계시로 느껴질 만큼 난생처음으로 맞이한 경이로운 경험이었다.

그날은 로제타가 옛 자아를 버리고 새 자아로 바뀌는 돌연적인 변화를 체험한 날이었다. 달력을 보니 그 해가 겨우 사흘 남아 있었다. 옛 자아를 묻어 달라고 했던 새해 첫날 기도가 예언처럼 맞아 떨어져 있었다.

8. 결혼

 1892년 신년이 밝았다. 로제타는 그가 없이 어떻게 살고 있었나 의문이 들 정도로 윌리엄과 함께 새해를 맞이하는 것이 더할 수 없이 기쁘고 행복했다. 로제타는 불과 얼마 전까지도 사랑은 하지 않는 게 좋다고 스스로 말하곤 했었다는 것을 기억하며 부끄러움을 느꼈다.
 '어떤 이유로 그와 헤어지게 된다 해도 지금까지의 사랑만으로도 충분히 하나님께 감사할 거야.'
 왜 이런 방정맞은 생각을 하게 되었던 것이었을까. 어렵게 결혼을 결심했지만, 결혼식까지 넘어야 할 산이 더 있었다. 그동안 로제타는 5년 동안 독신으로 사역한다는 계약을 파기하는 것을 전혀 고려하지 않고 있었다. 그러니 자신의 변화된 계획을 여러 사람에게 설명하고 설득해야 했다. 미국과 조선의 선교회 사람들, 고향의 가족들에게 설명하고 동의를 구하는 일은 로제타에게 커다란 압박감을 안겨주었다.
 '아버지와 애니는 찬성할 것 같지만 어머니와 조는 반대할 것이 분명해.'
 로제타는 한숨을 내쉬었다. 조는 아버지와 뜻을 같이했던 사람들이 운영하던 '언더그라운드 레일로드'라는 비밀조직에 의해 구출된 노예 출신의 흑인이었다. 언더그라운드 레일로드(지하철도)라는 이름의 조직은 미국 남부의 흑인 노예들을 미국 북부나 캐나다 등 노예제가 불법인 지역으로 탈출시키던 비밀 점조직이었다.

로제타가 태어나기 15년 전인 1850년부터 조는 아버지의 농장에서 살고 있었다. 그러니 로제타에게 조는 태어날 때부터 특별히 그녀를 사랑해 준 삼촌이었다. 문맹이어서 글을 모르는 그는 로제타에게 편지 대신 꼬박꼬박 〈리버티 리지스타〉라는 고향 신문을 보내주고 있었다.

어머니는 로제타가 선교사가 될 때 누구보다 적극적으로 찬성하고 지지해 주었다. 조 또한 로제타를 특별히 자랑스러워하고 있었다. 두 사람은 여성으로서, 혹은 흑인으로서 사회적 압박을 경험하였던 탓에 로제타가 진취적이고 자유롭게 살아가는 것에 대리 만족을 느끼고 있는 듯했다.

로제타는 가장 먼저 로드와일러를 찾아가 자신의 뜻을 전했다.

"저는 홀 박사님과 결혼하려고 합니다. 이해해 주셨으면 합니다. 결혼한다 해도 제가 하고 있던 일에는 전혀 지장이 가지 않도록 하겠습니다."

"지난 2년을 기다렸는데 앞으로 몇 년을 더 기다리지 못한다는 것은 이해할 수 없군요. 선생님처럼 이성적인 분이 말입니다."

로제타는 로드와일러의 말에 크게 상처를 입었다. 어머니, 북감리교 해외여성선교회 뉴욕지부의 스키드모어 회장, 그리고 스크랜튼 대부인까지 자신의 결혼 결정에 실망할 것이었다. 갑자기 견디기 어려울 듯한 두려움이 몰려왔다. 로제타는 그동안 살아오면서 누군가를 실망시켰거나 질책을 받아 본 적이 없었다. 갑자기 몸이 떨려오기까지 했다. 때마침 윌리엄이 로제타를 찾아왔다.

"내년 여름에 아펜젤러 목사님이 안식년 휴가를 떠난다 합니다. 그 집에서 우리가 신혼살림을 시작할 수 있을 것 같아요. 결혼 날짜라도 정해 놓는다면 내가 더 마음 편하게 사역할 수 있을 것 같소."

로제타는 애써 감정을 억누르며 그를 맞이했는데 그가 그렇게 말하자 울음을 터뜨리고 말았다.

"당신, 몸도 기분도 안 좋아 보였는데 내가 너무 경솔했나 보오. 미안하오. 용서해 주시오."

윌리엄은 반복해서 용서를 구했다.

"그런 게 아니에요."

"그럼, 무엇이 당신을 그렇게 힘들게 한단 말이오?"

"말할 수 없어요. 어떻게 해야 할지 모르겠어요."

로제타는 사랑하는 이들의 실망한 얼굴이 떠올라 눈물을 그칠 수 없었다.

"당신은 몸도 마음도 지친 듯하오. 잠을 좀 자도록 해보세요. 내일 아침이면 모든 것이 나아질게요."

그뿐만 아니라 심한 기침과 다시 발병한 편도선염으로 더욱 고통스럽기도 했다. 윌리엄이 기도를 해 주고 떠났다.

"우리가 이곳에서 다시 만나 함께 주님의 일을 할 수 있게 해 주셔서 감사합니다. 닥터 셔우드가 몸과 마음의 모든 짐을 벗어 던지고 건강과 활력을 되찾을 수 있도록 도와주소서."

로제타 또한 아침이 오면 이 모든 힘든 일들과 맞서 싸울 힘을 갖게 해 달라고 간절히 기도했다.

다음 날 아침, 기도대로 기분이 상당히 나아졌다. 로제타는 사랑하는 이들에게 자신의 결정을 설명하는 편지를 쓰기 시작했다.

1892년 3월 4일, 윌리엄은 존스 목사와 함께 북쪽 지방으로 선교 여행을 떠났다. 여행하기에 아직 날씨가 무척 쌀쌀했다. 조랑말에 짐을 싣고, 사람은 걸어가는 600km에 이르는 긴 여정이었다. 외국인들에게는 금지된 평양, 의주 등 내륙지역을 여행하는 것이어서 걱정이 이만저만이 아니었다.

그들이 떠나고 3주가 지나서야 로제타는 윌리엄이 여행 도중에 보낸 편지 한 통을 받았다. 다행히 자신과 같이 연인을 떠나보낸 벵겔 선생과 동병상련의 정을 나누는 것이 큰 위로가 되었다.

로제타의 편지에 대한 스키드모어 회장의 답신은 예상대로 강한 실망과 질책을 담고 있었다.

"내 개인적 실망은 당신에게나 나 자신에게조차 사소한 것이라 볼 수도 있습니다. 해외로 여성들을 파견하는 본부 사역자들의 신뢰를 잃게 되는 악영향에 비하면 말입니다. 독신 여성 선교사로서 5년 동안의 계약 기간을 완수하지 못할 경우에 우리가 제공했던 여행 경비와 준비 비용 모두를 반환해야 할 것입니다."

로제타는 마음이 몹시 상했으나 어쩔 수 없었다. 하지만 자신이 결혼한다 해도 의료선교사로서 소임을 다할 것이었다. 그러니 자신을 대신하여 새로운 의사를 파송할 경우에만 모든 비용을 반환하겠다고 생각했다. 그리고 언젠가 스키드모어 부인이 자신의 결혼 결정을 다른 시각으로 볼 수 있게 되길 간절히 희망했다. 자신은 결혼을 해도 조선에서의 사역에 대한 책임감이 전혀 줄지 않을 것이었다. 그러나 밖에서 보는 시각은 완전히 다른 듯했다.

스키드모어 회장의 답신과 함께 올 것으로 기대했던 어머니의 답신은 오지 않았다. 그것으로 보아 어머니의 실망이 얼마나 클까 짐작이 되고도 남았다. 고향의 가족들은 윌리엄이 조선으로 오게 된 것을 전혀 알지 못했다. 분명 로제타가 결혼을 너무 서두른다고 생각할 것이었다.

그즈음 로제타는 서울의 외국인 여성들의 테니스 동호회 모임에 나가기 시작했다. 로제타가 나타나자 사람들이 깜짝 놀랐다.
"작년에는 피할 수 있는 자리에서는 셔우드 박사를 볼 수가 없었는데 웬일이에요?"
로드와일러가 말했다.
"이제서야 인간이 사회적 동물임을 배우는 모양이지요."
로제타는 웃으며 그렇게 대답했지만, 사실 다른 이유가 있었다. 병원의 조력자들이 자신이 없어도 환자들을 적절하게 대처할 수 있을 만큼 훈련되기 전까지는 불가피한 경우가 아니고서는 병원을 지키려 했었다.
여전히 심한 기침과 목의 통증으로 밤잠을 설치고 있었다. 힘들어하는 로제타를 보고서 안타까웠던지 에스더가 사랑스러운 편지를 보내왔다.
"박사님이 아프셔서 너무너무 안타까워요. 주님께서 병을 고쳐 주시고 건강하게 해 주실 거라 믿습니다. 홀 박사님이 계셨으면 잘 보살피셨을 텐데. 저는 아픈 이들을 돌볼 줄을 모르고 어떤 약이 필요한지도 몰라요. 앞으로 저도 환자를 돌보는 법을 배울 거예요. 홀 박사님만큼 선생님을 잘 보살펴 드리고 싶어요."
'하나님, 저에게 참된 위로자로 에스더를 보내 주셔서 감사합니다.'
로제타는 미소를 지으며 편지를 고이 접어 일기책에 끼워 넣었다.

1892년 4월 23일, 드디어 윌리엄이 거의 두 달여 만에 선교 여행에서 돌아왔다. 그리고 사흘 후에 마침내 고대하던 어머니의 편지를 받았다.
"내가 써 본 편지 중에서 가장 힘든 편지가 닥터 홀에게 쓴 답장일 것이다. 내가 너를 얼마나 사랑하는지 그리고 이 일이 나에게 얼마나 예상치 못했던 뜻밖의 일이었는지 하나님은 아실 것이다.

어제까지만 해도 너의 결혼에 전혀 동의할 수 없다고 생각했었다. 어젯밤 내내 한숨도 자지 못하고 고민하며 결론을 내렸다. 네가 그렇게 홀 박사를 사랑한다니 그렇게 하는 것이 최선일 거다. 아마도 이 결정이 너와 닥터 홀의 기분을 좋게 하고 행복하게 할 것이니 나 또한 그러하리라. 너희 두 사람이 기쁨으로 가득하고 행복하기를, 그리고 오랫동안 도움이 되는 생애를 함께하기를 바란다. 하나님께서 너희 둘의 결합을 축복하셔서 주님이 가꾸는 포도밭의 훌륭한 일꾼들이 되기를 기대한다."

로제타가 짐작했던 대로 아버지와 애니는 처음부터 결혼을 찬성했다고 했다. 로제타는 어머니가 얼마나 고심 끝에 이런 편지를 쓰셨을까 생각하며 눈물을 흘렸다. 어머니에 대한 사랑이 더욱 깊어지는 것을 느낄 수 있었다.

6월 27일로 결혼식 날짜를 잡았다. 뉴욕의 진료소에서 함께 일하던 젠킨스 간호사에게 웨딩드레스에 붙일 레이스를 부탁하는 편지와 돈을 보냈다. 그런데 로제타의 결혼이 그리 화사하지 않을 것이라는 뜻이었을까? 그 편지를 싣고 가던 배가 침몰하면서 레이스를 단 화사한 웨딩드레스의 꿈은 물거품이 되어 버렸다.

5월이 되면서 환자들이 더욱 늘어서 근무 시간이 점점 길어졌다. 그 와중에 평소에 병약했던 벵겔이 쓰러졌다. 그녀를 돌보느라 정신이 없던 차에 루이스까지 류마티스성 열$^{rheumatic\ fever}$로 위험한 지경에 빠졌다. 40도가 넘는 고열에 시달리다가는 또 체온이 뚝 떨어지기도 하여 로제타는 간이 조마조마했다. 루이스는 뉴욕 디커니스 홈에서 함께 살았던 특별한 친구였다. 윌리엄보다 한 달 늦게 제물포에 도착했을 때 로제타는 그곳까지 마중을 나갔었다. 로제타가 선교사로 파견되어 오기 직전 가족들과 이별하기 위해 고향 집에 들렀을 때도 동행해 준 고마운 친구였다.

로제타는 조선으로 오는 길에 이브닝드레스를 지으려고 일본에서 구입한 하얀 비단을 갖고 있었다. 그 비단으로 웨딩드레스를 만들기로 했다. 그동안 옷을 지을 시간 여유가 없어 옷감으로 간직하고 있었던 것이 그나마 다행이었다. 두 친구가 병이 나는 바람에 그들을 보살피느라 웨딩드레스 시침질도 못하고 있었고 결혼식조차 치를 수 있을지 의문이었다.

다행히도 하나님께서는 로제타의 결혼 선물로 사랑하는 두 친구의 건강을 회복시키셨다. 참으로 감사한 일이었다. 결혼식 날은 눈부시게 아름다웠다. 무엇보다도 로제타를 기쁘게 했던 것은 안식년 휴가에서 돌아온 어머니 같은 스크랜튼 대부인이 곁에 있는 점이었다.

결혼식 날 아침, 로제타와 윌리엄은 스크랜튼 대부인, 존스 목사와 벵겔과 함께 영국 공사관으로 가서 힐리어$^{Walter\ C.\ Hilier}$ 영사의 주례로 결혼식을 올렸다. 윌리엄이 캐나다인이어서 영국령에서 합법적인 결혼식을 올려야 했다. 미국에서도 결혼을 인정받으려면 미국 영사 앞에서 또다시 결혼식을 올려야 했다. 스크랜튼 대부인의 집에서 미국 총영사 대리인 알렌$^{Horace\ N.\ Allen}$ 박사 앞에서 올링거 목사와 벙커$^{Dalziel\ A.\ Bunker}$ 목사의 주례로 결혼식을 거행했다.

결혼식이 끝나고 같은 장소에서 피로연을 했다. 중국인 요리사 스튜어드가 만든 커다란 웨딩 케이크가 등장했고 독일인 지휘자로부터 훈련을 받은 조선 궁정악단이 축하 연주를 해 주었다. 조선의 관습에 따라 잔칫집 대문 앞에 모여든 가난한 이들에게 엽전을 하나씩 나누어 주었다.

오후 1시경, 두 사람은 신혼 여행길에 올랐다. 제물포에서 중국의 치푸행 배를 타기로 되어 있었다. 치푸^{芝罘}는 당시 서양인들이 즐겨 찾던 휴양처였다. 나날이 푸르름을 더해 가는 들판에는 아직

베지 않고 남아 있는 누렇게 익은 보리밭이 군데군데 남아 있어 아름다운 조화를 이루고 있었다.

로제타는 가마를 타고 윌리엄은 조랑말을 타다가, 내려서 이야기를 나누며 가마 곁에서 나란히 걷기도 했다. 윌리엄은 가는 내내 흥에 겨워 노래를 불렀다. 노래 중에는 로제타가 어린 시절에 어머니가 불러 주었던 것들이 있어서 가족들에 대한 그리움이 사무치기도 했다. 윌리엄은 하나님께서 자신에게 너무 많은 것을 주신다며 너무도 행복해했다. 로제타 또한 가슴이 뻐근하도록 행복했다.

9. 에스더의 결혼

1892년 4월 12일, 에스더의 열여섯 번째 생일이었다.
"사랑하는 박사님, 박사님께 작은 선물을 드려요. 드시기 싫으시면 제 사랑만 받아주세요."
로제타는 책상 위에서 엿 몇 가락과 에스더의 애교 있는 메모를 발견했다. 이제 에스더는 더 이상 철없는 아이가 아니었다. 윌리엄이 도착한 뒤 질투하며 투정을 부리던 아이였던 적이 엊그제 같았다. 이제 의젓해지고 성숙해져 있는 에스더가 로제타에게는 기특하고, 때로는 조금 낯설게 느껴지기도 했다. 로제타는 에스더의 생일에 생리학 교과서를 선물했다. 의학반에 있는 아이들의 생일마다 같은 선물을 해 오고 있었는데 에스더가 두 번째로 그 선물을 받았다.
1892년 9월 초에 열린 감리교 연차 선교회의에서 로제타와 윌리엄은 뜻밖의 결정을 받아들여야 했다. 로제타는 계속 서울의 보구여관에서 근무하고, 윌리엄은 평양으로 가서 새로운 선교지를 개척하라는 발령이었다. 윌리엄은 가장 추운 시기와 장마철을 제외하고는 평양에 머물러야 한다는 것이었다. 이는 윌리엄이 이른 봄에 다녀왔던 선교 여행 직후 작성한 보고서의 제안이 받아들여진 결과였다.

"북쪽 도시들은 의료 선교의 문이 활짝 열려 있습니다. 그들은 의사들을 기다리고 있습니다. 새로운 의료 선교사가 파견된다면 저는 그 의사의 급여 절반을 2년 동안 책임지겠습니다."

윌리엄은 답사 이후, 선교부에 보고서를 올리며 자신의 친구이자 의사인 버스티드(John B. Busteed) 박사를 추천했다. 한양의 선교부에서도 본부에 그의 파견을 요청하고 기다리고 있었다. 하지만 윌리엄은 버스티드 박사가 도착하기 전까지는 서울에서 일할 수 있을 거라고 생각하고 있던 차였다.

"하루빨리 언어에 익숙해져야 하니 영어 성경도 가져가지 않겠소."

윌리엄이 짐을 싸며 말했다. 9월 말, 그는 결연한 의지를 보이며 떠났다. 개항장이 아닌 평양은 외국인이 거주하기에 안전하다고 할 수 없었다. 로제타는 항상 그의 안전과 건강이 걱정이었다. 3주가 지나서야 윌리엄으로부터 잘 지내고 있다는 첫 번째 편지를 받을 수 있었다.

그 무렵 미국에서 한양으로 노블(William A. Noble) 선교사 부부가 새로 부임해 왔다. 그들은 갓 결혼한 신혼부부였다. 윌리엄은 노블 부부와 같은 집에서 생활하면서 생활비를 줄여 새 선교사를 초청하는 경비로 쓰고자 했다. 자신도 신혼인데 남편과 헤어져서 다른 신혼부부와 같은 집에서 사는 것이 로제타의 외로움을 얼마나 가중시켰을까. 그 모습을 안타깝게 지켜보던 에스더는 자주 로제타를 위로하는 편지를 보내왔다.

"사랑하는 언니, 홀 박사님이 평양에 가 계시니 얼마나 외로우실까요? 저는 언니의 마음이 어떤지 잘 알아요. 저도 언니가 결혼한 후 중국에 가 계시는 동안 무척 슬프고 불행했어요. 언니, 너무 힘들어하지 마세요. 그분은 돌아오실 것이고, 평생 언니와 함께 사실 거예요. 하지만 저는 언제까지 언니와 함께 살 수 있을지 모르겠어요."

편지를 읽으며 로제타는 눈물을 흘리고 말았다. 편지에는 자신에 대한 사랑과 연민, 그리고 학교를 떠나야 할 때가 되어가는 것에 대한 에스더의 두려움이 담겨 있었다. 당시 이화학당은 결혼이 곧 졸업이었다. 대부분의 소녀가 열여섯 살을 넘기지 않고 결혼을 하면서 학교를 떠났다. 지난봄에 에스더는 열여섯 살 생일을 넘겼고, 학교에서는 이제 가장 나이가 많은 학생이었다. 그러니 그녀의 어머니는 에스더의 결혼을 서두르고 있었다. 반대로 로제타는 결혼으로 에스더를 잃을까 걱정이었다.

5주 후 윌리엄이 집으로 돌아왔다. 혹시나 하고 기다리다 포기하려던 저녁 11시에 그가 도착했다.

"당신을 일 초라도 빨리 보고 싶어서 하루에 140리를 걸었다오."
두 사람은 날이 갈수록 이별이 더 힘들다는 것에 공감했다.

짧은 만남을 뒤로하고 그가 떠났다.
"그는 날마다 점점 더 깊이 사랑에 빠져드는 것 같다. 수없이 달콤한 이름으로 나를 부르고, 얼마나 나를 사랑하고 고마워하고 있는지 거듭 말한다. 하루 100번도 넘게 내게 키스를 하고 팔로 감싸 안아 무릎에 앉히고도 만족할 만큼 가까이 있는 것처럼 여겨지지 않는지 매 순간 나를 자기의 넓은 가슴에 그냥 안고 다니고 싶어 한다."

로제타는 그를 또다시 떠나보내고 일기를 쓰며 혼자 미소를 지었다가는 다시 눈물을 떨구고 말았다. 꿈만 같았던 열 이틀이었다. 짧은 만남 뒤에 또다시 긴 이별이 기다리고 있었다. 날이 갈수록 그의 부재는 더욱 견디기 힘들었다. 그런 로제타 곁에서 에스더는 위로의 편지를 계속 보내왔다.

"사랑하는 언니가 기분도 안 좋고 쓸쓸하게 지내는 것이 안타까워요. 너무 우울해 보여서 병이 날까 겁이 나요. 하나님께서 언니의 사랑하는 남편을 돌봐주실 것입니다. 그러니 너무 근심하지 마세요. 언니가 결혼한다고 했을 때 이젠 전처럼 많이 외롭지 않겠구나 생각했는데 지금도 이처럼 힘들어하시네요. 언니가 사랑하는 홀 박사님과 늘 함께 계신다면 얼마나 좋을까요."

이런 편지를 쓰며 로제타를 걱정하던 에스더는 정작 더 큰 시련을 겪고 있었다. 결혼과 학교를 떠나야 한다는 압력 때문이었다. 에스더의 어머니는 딸이 시집을 못 가고 해를 넘길까 봐 애가 타서 야단이었다. 그녀는 결국 학교로 스크랜튼 대부인을 찾아와 담판을 지었다.

"이제 병원에 내려가 일하는 것을 그만두어라."

스크랜튼 대부인을 만나고 온 어머니가 에스더에게 말했다.

"어머니, 제발 올겨울까지만 언니를 돕게 해 주세요."

"그래? 그렇다면 그럼 올겨울까지만이다."

에스더의 어머니는 못을 박듯 단호하게 말했다. 에스더는 로제타에게 다시 편지를 보냈다.

"제가 언니를 도우러 병원에 가지 않으면 다시는 언니를 보지 못하게 될까 봐 두려워요. 저는 결혼을 하더라도 언니를 계속 돕고 싶어요."

로제타도 에스더와 헤어지는 것을 상상할 수 없었다. 에스더를 가까이 두려면 그녀에게 함께 일할 수 있는 기독교인 남편을 찾아주어야 했다. 로제타는 그녀에게 맞는 짝을 보내 달라고 하나님께 간절히 기도하고 있었다.

"에스더, 나는 홀 박사를 따라 평양으로 가고 싶어. 너도 나를 따라 평양으로 갈 수 있을까?"

얼마 전에 로제타가 에스더에게 물었던 질문이었다.

"저는 어디든 주님께서 문을 열어주시면 갈 것입니다. 평양이든 의주든 어디든지 가겠어요. 제 몸과 뜻과 마음을 주님께 드립니다. 제 몸과 마음과 뜻은 모두 주님 것이니 생명을 바쳐 제 백성에게 하나님을 가르치겠어요. 설령 그들이 저를 죽일지라도 그렇게 하겠어요. 저는 부자가 되는 것이나 좋은 것을 많이 가지길 원치 않아요. 무엇보다도 예수님을 위한 일을 하고 싶어요."

로제타는 지난 3년 동안의 에스더의 영적 성장이 놀라울 뿐이었다. 나날이 부쩍부쩍 분별력이 생기고 현명해지는 에스더를 보며 예전의 그녀가 생각나서 절로 미소가 지어졌다.

"이 물은 바닷물 같아요. 나는 물고기가 아니에요. 이런 짠 물을 마실 수 없어요."

언젠가 물장수가 가져온 물에서 약간 짠맛이 났을 때 에스더가 항의하며 했던 말이었다.

"스크랜튼 선생님과 닥터 홀은 정말로 하나님을 사랑하는 것 같아요. 하지만 벵겔 선생님, 루이스 선생님, 페인$^{\text{Josephine O. Paine}}$ 선생님, 그리고 선생님(로제타)은 단지 그 사랑을 배우는 중인 것 같아요."

에스더는 로제타 앞에서 직설적으로 선교사들을 평가하기까지 했다. 페인은 새로 온 이화학당의 교사 선교사였다. 그러던 에스더가 열여섯 생일을 지나면서 완전히 달라져 있었다. 천방지축이던 행동이 무척 의젓해졌고 평소에 죽어라 싫어해서 어떻게든 다른 아이들에게 맡기던 바느질도 곧잘 하였다. 로제타는 벵겔에게 부탁하여 에스더에게 오르간 레슨을 시키고 있었다. 처음에는 그렇게 싫어하던 오르간 연습도 성실하게 하려고 애쓰고 있었다. 성경

공부를 어찌나 열심히 하는지 성령께서 스승이 되어 가르치고 있음이 분명해 보였다. 로제타는 에스더에게 점점 더 매료되었다.

"에스더, 기독교인 남편을 만나 결혼을 하면 나와 함께 계속 일할 수 있지 않겠니?"

"신랑 얼굴도 모르고 하는 조선식 결혼은 정말이지 말이 안 된다고 생각해요."

에스더는 조선의 결혼 방식에 대해 혐오스러워했다.

"에스더가 얼마 전에 말하길 결혼하기 싫어서 죽어 버리고 싶대요. 죽어서 천국에 가고 싶은데 하나님께서 천국도 여자용과 남자용으로 따로 만들어 놓았으면 좋겠다고 하지 뭐예요. 호호"

이화학당의 교사 페인이 얼마 전에 로제타에게 전해준 말이었다. 그녀는 웃으면서 에스더의 말을 전해주었지만, 로제타는 마음이 무척 아팠다. 에스더에게 맞는 신랑감을 보내 달라는 기도를 1년도 넘게 하고 있었는데 로제타의 마음에 드는 이는 나타나지 않았다. 후보로 생각했던 몇 명의 남자들을 관찰해 보면 하나같이 게으르거나 정직하지 않았다. 로제타가 보기에 에스더의 신랑감으로는 많이 부족했지만 그나마 가장 나은 이가 하나 있었다.

"에스더, 그동안 기도하며 살펴보았는데 홀 박사를 돕는 박유산[1]과 결혼하는 것이 어떨까? 너에 비해 많이 부족하지만, 그는 정직하고 믿음직스러워. 네가 그를 쓸모 있는 기독교인으로 만들 수 있을 거라 생각해."

로제타는 행동이 점잖고 온화한 박유산을 유심히 보고 있었다. 지난해 9월부터 윌리엄을 따라다니며 돕고 있었는데 그는 어떤 상황에서도 변함없이 성실했다.

---

1. 1897년 주미공사 서광범이 작성한 주미내거안(駐美來去案)과 1900년 12월에 발행된 《신학월보》에는 박여선(朴汝先)으로 표기되어 있다. 미국 볼티모어 로레인 파크 공동묘지 (Lorraine Park Cemetery & Mausoleum)의 묘비에는 'YOUSAN CHAIRU PAK'으로 표기되어 있으며, 로제타 홀을 비롯해 선교사들은 박유산이라는 명칭을 사용하였다.

에스더의 어머니는 그가 고아이며 한때 마부로 일했다는 것을 듣고는 에스더의 신랑감으로 탐탁지 않게 여겼다. 그러나 박유산의 아버지가 서당 훈장이었으며, 아버지가 세상을 떠나기 전에 한문책 두 권을 떼었고 홀 박사로부터 인정을 받고 있다는 사실을 전해 듣고는 마지못해 승낙했다. 에스더는 로제타에게 편지로 결혼에 대한 자신의 심정을 밝혔다.

"저는 남자를 한 번도 좋아해 본 적이 없어서 사흘 동안 고민으로 잠을 자지 못했습니다. 조선의 풍습으로는 모든 처녀가 결혼해야 하고, 모든 사람이 남편이나 아내가 되어야만 합니다. 남자를 좋아하지 않지만 어쩔 수가 없습니다. 만약 하늘에 계신 아버지께서 박 씨를 보내주신 것이라면 그분이 나를 그의 아내로 점지하신 것일 테고, 저는 그의 아내가 될 것입니다. 하나님께서 보내시면 저는 어디든 갈 것입니다. 제 어머니는 그를 잘 모릅니다. 저는 그의 신분이 높다거나 낮은 게 무슨 소용이냐고 어머니께 말했습니다. 저는 어머니에게 부모가 없는 사람은 마부가 될 수도 있지 않겠느냐고 말했습니다. 저는 그가 신분이 높든 낮든, 부자이건 가난뱅이건 상관하지 않습니다. 아시겠지만 저는 예수님의 말씀을 사랑하지 않는 사람과는 결혼하지 않을 것입니다."

'이 아이가 날 매일매일 성스럽게 가르치고 있구나.'

로제타는 에스더의 편지를 읽으며 생각했다.

"에스더, 너도 네 아버지께서 돌아가시기 전에 너를 스크랜튼 대부인에게 맡기지 않았다면 이렇게 훌륭하게 성장할 기회를 얻지 못했을 거야. 박유산에게는 그런 기회가 없었을 뿐이잖아? 그도 환경이 바뀐다면 앞으로 너만큼 성장할 수 있으리라 생각해. 나는 네가 그를 어떻게 변화시킬지 기대가 된단다."

로제타의 말에 에스더는 아무런 대답도 하지 않고 고개만 숙이고 있었다.

"에스더, 나도 네 나이에는 결혼은 꿈도 꾸지 않았어. 그렇지만 닥터 홀을 만나고 마음이 바뀌었지. 결혼하고 나니 더 행복해졌어. 그리고 다른 이들에 대해서도 더 너그러워진 것 같아. 그는 좋은 사람으로 보이고 너도 분명 그와 더 행복해질 수 있을 거야."

로제타는 에스더에게 자신의 결혼 이야기를 조곤조곤 들려주었다. 에스더는 아무 말 없이 다소곳이 듣기만 했다. 자신과는 너무도 다른 경우임을 로제타도 잘 알고 있었다. 얼굴도 본 적이 없는 남자와 결혼을 해야 한다는 것이 에스더에게 얼마나 끔찍하게 느껴질까 생각하니 마음이 더할 수 없이 아팠다.

1893년 5월 24일, 에스더와 박유산은 기독교식으로 결혼식을 올렸다. 이날 이후 에스더는 김에스더에서 선교사들처럼 남편의 성을 붙인 박에스더로 불리게 되었다. 결혼식 날의 에스더의 불행한 표정이 로제타의 마음을 아주 무겁게 하였다.

박에스더와 박유산

10. 동행

1892년, 크리스마스를 앞둔 어느 날이었다. 날씨는 나날이 더 매서워지고 있었다. 깊은 밤, 로제타는 남편이 평양에서 보낸 편지들을 다시 꺼내 읽었다. 그가 미국에 있을 때보다 편지는 더 뜸하게 배달되고 있었다. 여행객들 편에 보내는 것이어서 어떤 때는 나중에 쓴 편지가 먼저 배달되기도 했고, 한꺼번에 여러 장이 손에 들어오기도 했다. 이별은 갈수록 더 힘들게 느껴졌지만, 두 사람의 사랑은 점점 더 강해지는 듯했다.

"여보, 하나님께서 우리에게 이렇게 힘든 일을 허락하신 것이 기쁘다오. 이는 특별한 은총의 징표이니 더 용감해집시다. 예수님을 위한 일이 아니라면 당신과 떨어져 있는 것을 어떻게 견딜 수 있겠소?"

그가 모든 어려움과 시련을 받아들이는 방식이었다. 로제타는 윌리엄이나 가족, 친구들로부터 받는 편지에서 꼭 다시 읽고 싶은 부분들은 일기장에 베껴 적어 두었다. 편지들은 다시 꺼내 읽기가 쉽지 않았지만, 일기는 다시 보기가 훨씬 편리했다. 편지들을 고이 접어 상자에 담은 다음, 11시쯤 잠자리에 들려는데 누군가 문을 여는 것이 아닌가! 사랑하는 이였다. 로제타는 힘든 이별만큼 재회의 기쁨이 더 크다는 것을 다시금 깨달았다.

"웬일이에요? 적어도 며칠은 더 기다려야 한다고 생각하고 있었는데…."

"어젯밤 도착하려 했는데 예수님께서 말씀하신 선한 사마리아인 비유와 같은 상황을 똑같이 경험했지 뭐요."

윌리엄이 서울로 오는 길에 강도를 당한 사람들을 발견했다는 것이었다. 한 사람은 이미 죽어 있고, 한 사람은 피를 흘리며 죽어가고 있었다.

"목이 빠져라 기다리고 있을 당신 얼굴이 떠올라서 못 본 척하고 지나치고 싶은 강한 충동이 들었어요. 하지만 곧 성서의 한 대목이라는 생각이 들었소."

윌리엄은 결국 부상자를 처치한 다음, 다시 조랑말에 싣고 오던 길을 되돌아가 주막에 맡기며 말했다.

"보름 안에 다시 이곳에 들를 것이오. 그때 이 나그네를 잘 보살폈는지 확인해 보겠소. 이렇게 말하고 주머니를 탈탈 털어주었지요. 그리고 다시 오던 길로 돌아섰지요. 그러고 나니 오는 길에 하루 두 끼는 굶어야 하는 것이 아닌가 걱정했었소. 그런데 내가 굶는 것을 하나님께서는 그냥 지나치지 않으셨소. 우연히 길에서 안면이 있던 일본인 의사를 만났지 뭐요."

윌리엄은 일본인 의사에게서 돈을 빌릴 수 있었다.

"여보, 내년에는 저도 평양에 가고 싶어요. 내년에는 이곳에 새 여의사가 올 것 같고, 그러면 이곳을 새 의사에게 맡길 수 있을 거예요."

"하지만 선교부에서 당신이 평양으로 가는 것을 허락할까요? 최근에 알게 되었는데 1년에 서너 번 운항하는 배편이 있더군요. 선객과 짐들을 아주 싼 값에 옮길 수 있겠더라고요."

로제타는 어려운 일을 앞두면 항상 떠올리는 말을 다시 읊조렸다.
'인류를 위해 봉사하려거든 아무도 가려 하지 않는 곳으로 가서 아무도 하려 하지 않는 일을 하라. 이 말에 따라 하기 싫은 일을 기꺼이 해 왔고 하고 싶었던 많은 일을 포기하기도 했었지.'
로제타는 자신의 내면에서 꿈틀거리며 올라오는 강한 의지를 느끼며 주먹을 불끈 쥐었다.
"그곳 사역은 어때요?"
"놀라울 정도로 잘 되고 있어요. 지난번 평양에 도착하자마자 떠나기 전에 치료해 준 소년의 집을 방문했소. 그 소년은 부유한 관리의 아들이었는데 말끔히 나아 있었어요. 그 아이 아버지가 날 보더니 돌아가신 자기 부모님을 본 것보다 반갑다고 하더이다. 그러면서 자기 집으로 초대해서 제일 좋은 방 두 개를 내주었소."
"그럼 여태 그 집에서 머물렀던 거예요?"
"여행도 했지요. 그 집은 35칸짜리 아름다운 한옥인데 입지가 아주 좋아요. 그래서 그런 집을 하나 사고 싶다고 했더니 자기 집을 사라는 거예요. 그 집을 사기 위한 기금을 모아보려고 하오."
며칠 후, 그 집을 살 모금을 위한 기도회가 열렸다. 그 기도에 가장 먼저 응답한 이는 올링거 선교사의 열두 살짜리 아들 버티[David Ohlinger(Bertie)]였다. 17년 동안 중국에서 활동하던 올링거 선교사는 아펜젤러 목사의 요청으로 조선으로 와서 배재학당 안에 우리나라 최초의 출판사인 삼문출판사를 설립하고 영문 잡지를 발행하고 있었다. 한글, 영어, 한자로 인쇄할 수 있다는 뜻으로 이름이 지어진 이곳에서 나중에 우리나라 최초의 한글 신문인 〈독립신문〉도 인쇄되었다.
"닥터 홀, 여기 이 1달러를 평양의 집을 사는 데 보태 주세요. 더 드리고 싶지만, 제가 가진 돈은 이것뿐이랍니다."

버티에 이어 그의 여동생 아홉 살 윌라$^{\text{Wilhelma Ohlinger(Willa)}}$도 10센트를 기부했다. 이렇게 싹이 튼 겨자씨는 쑥쑥 자라났다. 그런데 하나님께서는 사랑하시는 이들은 먼저 데려가는 것일까. 몇 달 뒤인 1893년 여름, 두 아이는 편도선염으로 짧은 삶을 마감하면서 양화진에 묻힌 최초의 서양 어린이들이 되었다. 젊은 시절, 예수님처럼 목수로 일했던 윌리엄은 두 천사를 위한 작은 관을 정성스럽게 짜 주었다.

올링거 남매의 뒤를 이어 스크랜튼 박사의 딸 오거스터도 동참하면서 이 기금은 1달러 60센트로 시작되었다. 8개월 후에는 1,479달러 99센트가 되면서 물고기 두 마리와 빵 다섯 개로 오천 명을 먹이신 예수님의 기적이 실현되었다. 이듬해 윌리엄은 평양에 한옥 두 채를 샀다.

"한 채는 진료소를 만들고, 한 채는 우리가 살 집으로 쓸 작정이오."

편지를 읽으며 로제타의 입에서는 절로 "하나님은 참으로 좋으신 분이시다…."라는 찬송가가 흘러나왔다.

1893년 3월 15일부터 로제타는 매주 화요일과 금요일에는 동대문 성벽 옆의 진료소에 나가기 시작했다. 한양성의 다른 쪽에서 사역을 하는 것은 그녀가 서울에 도착한 직후부터 간절히 원했던 바였다. 여성에게는 이름도 없는 나라의 여성들을 위해 써달라며 돈을 기부한 볼드윈 부인의 이름을 따서 볼드윈 진료소라고 이름 붙이고, 곧 새로운 여의사가 서울에 파견되기로 되어 있었다. 로제타는 5월 무렵에는 평양으로 갈 수 있기를 소원했다.

"나는 하루 50-60명의 환자를 돌보고 있소. 요즘은 평양 감찰사도 호의를 보이기 시작했다오. 외국인들을 내쳐달라는 청원을 하러 온 사람들에게 감사가 말했다 하오. 내가 병자를 돌보고 가난한 이들을 돕는 사람이니 좋은 사람이라고 말이요. 나를 방해하거나 괴롭히지 말라는 명령을 내렸다 하오."

로제타는 자신도 하루빨리 평양으로 가서 그와 함께하고 싶었다.

"당신이 오기에는 평양의 상황이 그리 좋지 않아요. 내가 집을 산 뒤, 마펫^{Samuel A. Moffett}, 리^{Graham Lee}, 스왈른^{William L. Swallen} 목사 등 장로교 선교사들이 평양 외곽에 건물을 샀어요. 그러자 주민들이 동요하기 시작했소. 그들은 의사들이 아니라서 나보다 더 경계하는 듯해요. 그래서 평양 감찰사가 선교사들에게 집을 판 주인에게 다시 돌려주고 도시를 떠나라는 명령을 내렸소."

윌리엄이 보내온 소식이었다. 당시는 개항장을 제외하고 외국인이 건물을 소유할 수 없었다. 결국, 로제타는 평양행을 미루고 상황을 지켜볼 수밖에 없었다. 6월부터는 남대문진료소에서 일주일에 두 번씩 여성 환자들을 진료하기 시작했다. 결혼을 한 에스더가 가까이에 있어서 일하기가 한결 수월했다.

여름휴가 때까지 지난 1년 동안을 정리하니 진료 횟수가 6,260건이었다. 새 환자 2,125명에, 재방문 환자 3,495명, 531건의 왕진, 119명의 입원 환자를 보살폈음을 알 수 있었다. 로제타는 지난 3년 동안 치료한 환자가 14,000명을 넘는다는 사실에 스스로 대견하기 이를 데 없었다.

윌리엄이 서울로 돌아와서 여름휴가를 함께 보냈다. 이어서 열린 연차회의에서 두 사람은 평양에서 사역하는 것을 임명받았다. 하지만 곧바로 떠나기에는 여러 가지 사정이 있었다. 가장 큰 문제는 11월에 예정된 로제타의 출산이었다. 로제타는 임신으로 인한 특별대우를 원하지 않았기에 8개월이 되어 불러오는 배를 숨길 수 없을 때까지 아무에게도 임신 사실을 알리지 않았다.

윌리엄은 다시 평양으로 떠났다. 생활비를 아껴서 다른 선교사의 체류 비용을 감당하기로 한 약속 때문에 여전히 로제타는 노블 부부와 같은 집에서 살았다. 대부분 기간을 홀로 지내며 여전히 진료소 두 곳과 왕진을 소화해냈다. 출산이 임박하자 윌리엄이 서울로 돌아왔다.

1893년 11월 9일 저녁이었다.

"여보, 우리 아기가 아버지 생신에 태어났으면 했었는데 아직 세상에 나올 준비가 안 되었나 보네요. 그런데 사실 출산이 무척 두려워요."

로제타는 임신 초기부터 아기가 아버지의 생일날 태어났으면 좋겠다는 소망이 있었다.

"당신은 에테르 마취도 없이 목 수술을 받았던 사람 아니오? 그렇게 용감한 사람이 수없이 간접 경험한 출산이 걱정이란 말이오?"

윌리엄은 로제타를 진정시키려 애를 썼다. 로제타는 대학 재학 시절에 목에 생긴 결핵성 내분비선 이상으로 생긴 종양을 제거하는 수술을 받은 적이 있었다. 그때 마취를 하지 않고 코카인이라는 진통제에 의지하여 수술을 받으면서 동시에 거울을 들고 수술 과정을 직접 관찰한 적이 있었다.

잠이 들었던 로제타는 새벽 3시경 깨었다. 진통이 시작되는 듯하더니 멈추었다가 다시 아프기 시작하면서 잠이 들 수 없을 정도로 진통이 심해졌다.

"여보, 진통이 시작된 것 같아요. 빨리 일어나 불을 밝히는 것이 좋겠어요."

로제타는 참을 수 없을 만큼 진통이 심해지자 윌리엄을 깨웠다. 노블 부인을 깨워 커틀러Mary M. Cutler 박사와 루이스 간호사를 불러 달라 부탁했다. 메리 커틀러 박사는 새로 서울에 파견된 여의사였다. 8시쯤 커틀러 박사가 왔고, 루이스는 아기가 나온 직후 10시경에 도착했다. 아기는 한번 크게 울어 자신의 폐가 건강하다는 신호를 보낸 후에 다시 잠이 들었다.

하나님께서는 로제타가 간절히 원했던 날인 11월 10일, 아침 10시에 두 사람의 품에 세상에서 가장 귀한 선물을 안겨주셨다. 두 사람은 하나님께 한없는 감사를 올리며 아기에게 엄마의 처녀 시절 성을 따서 셔우드라는 이름을 주었다.

출산 후에 로제타가 갑자기 열이 오르자 윌리엄이 안절부절못하며 허둥댔다.

"홀 박사님, 믿음은 어디로 갔나요? 웬일이에요?"

루이스 간호사가 놀렸다.

다행히 로제타는 건강을 되찾았고, 3주 후에 윌리엄은 다시 평양으로 떠났다. 아빠가 떠나고 난 뒤 별 탈 없어 보이던 셔우드가 심하게 앓기 시작했다. 설사와 변비가 번갈아 셔우드를 괴롭히더니, 생후 6주 무렵에는 태어날 때보다도 몸무게가 더 줄었다. 로제타는 혼자서 외로울 틈도 없이 아기가 자신의 곁을 떠날 수도 있다는 생각에 노심초사하며 하루하루를 힘들게 버텨 내었다. 출산 이후 홀몸으로 아픈 아이를 돌보느라 고질병이었던 허리 병이 도지면서 뼈가 빠져나올 듯한 통증으로 잠을 이루지 못하는 날도 많았다.

크리스마스 무렵, 윌리엄이 돌아왔다.

"셔우드가 하나님 곁으로 갈 수도 있음을 당신도 받아들여야 해요."

윌리엄이 셔우드를 보며 한 말이었다. 그런데 놀랍게도 아빠가 돌아온 후 아기의 건강이 눈에 띄게 좋아지기 시작했다. 로제타는 자신의 불안과 염려가 셔우드에게 전해진 것은 아닐까 생각했다.

로제타의 통증도 나아졌다.

"봄이 되면 평양으로 가겠어요."

로제타가 윌리엄에게 결연하게 말했다.

"스크랜튼 박사는 당신이 아직 평양에 가기에는 위험하다고 생각하잖소."

"어떻게든 가려고 해요."

"스크랜튼 박사는 평양에 우리가 살 서양식 건물을 지은 다음 이사해야 한다고 생각하지만 그건 그쪽 상황을 잘 몰라서 하는 얘기라오. 그렇지 않아도 서양인들에 대한 거부감이 더 높아가는 상황인데 서양식 건물까지 짓는 것은 무리라고 생각되어요."

"그러게요. 그 부분을 설득해야지요. 직접 평양에 가서 상황을 보고 오는 것을 권해 보세요."

1894년 2월, 스크랜튼 박사는 평양을 방문했다. 그는 평양에 다녀온 뒤부터 로제타가 평양에 가는 것을 더 말렸다. 로제타와 윌리엄은 스크랜튼 대부인을 찾아갔다. 마침 영국의 여행가 이사벨라 버드 비숍Isabella Bird Bishop 부인이 조선을 방문하여 스크랜튼 대부인의 손님으로 머물고 있었다. 윌리엄이 그녀와 이야기를 나누고 있는 사이, 로제타는 스크랜튼 대부인에게 사정을 설명하며 도움을 요청했다.

"선생님, 제가 평양으로 갈 수 있도록 스크랜튼 박사님을 설득해 주세요. 평양에 가서 여성들을 위한 사역을 시작해 보고 싶어요."

스크랜튼 대부인은 자기 아들이 로제타의 평양행을 막고 있음을 알지 못하고 있었다.

"닥터 홀이 당신과 아기를 평양으로 데려가는 것을 위험하다고 생각하는 것이 아니었어요?"

"아니에요. 스크랜튼 박사님의 반대가 가장 큰 문제예요. 저는 평양에서 일하는 것이 중국 내륙 지방을 개척한 많은 선교사의 사역보다 더 힘들 거라고는 생각하지 않습니다."

"1885년 우리가 처음 왔을 때 서울도 마찬가지였어요. 우리 며느리도 한옥에 살면서 임신한 몸으로 앓는 아기를 안고 구경꾼들의 시선을 견뎌야 했어요. 그보다 더하지는 않겠지요."

로제타는 스크랜튼 대부인의 대답에 안도의 숨을 내쉬었다. 평양의 상황을 잘 알고 있던 윌리엄에게는 로제타의 동행이 타고난 낙천성과 흔들림 없는 신앙심에서 내린 크나큰 결단이었다. 하지만 로제타나 스크랜튼 대부인은 평양에 가보지 않았기에 열정에 기대어 내린 쉬운 결정이었다.

11. 평양의 문을 열다

"로제타, 평양에 가기 전에 네가 집으로 돌아와서 얼굴을 볼 수 있으면 얼마나 좋을까. 결혼했으니 이제는 굳이 5년을 채우지 않아도 되지 않을까? 하지만 네가 남편과 동행하지 않고 혼자서 돌아오는 일은 하지 않았으면 좋겠구나."

어머니의 편지를 읽으면서 로제타는 웃지 않을 수 없었다. 결혼을 극구 말리며 독신 선교사로서 5년 계약을 완수하라던 어머니가 아니었던가. 결혼하고 나니 어머니는 로제타가 남편 없이 홀로 여행하는 것조차 말리고 있었다.

1894년 2월 28일, 김창식 가족이 선발대로 에스더의 남편 박유산의 안내를 받으며 평양으로 떠났다. 김창식은 올링거 목사의 조력자로 일하다가 올링거 목사가 아이들을 잃고 미국으로 귀국한 이후부터 윌리엄과 함께 일하고 있었다. 평양에 있던 윌리엄이 그들을 맞이하여 자리를 잡게 한 다음, 로제타 모자와 에스더를 데리러 오기로 했다.

윌리엄은 평양에서 매일 낮에는 한국어 공부와 진료를 하고, 밤에는 소년들을 위한 학교를 운영하면서 예배를 드리고 있었다. 매일 열다섯 명의 소년들이 모임에 나왔는데, 그들이 광성학교의 첫

학생들이었다. 평양 주민들의 핍박을 받으면서도 매일 밤 예배에 나오는 여섯 명의 남성들이 평양의 첫 교회인 남산현교회의 교인들이 되었다.

4월 중순, 로제타 가족과 에스더, 셔우드의 보모 실비아는 서울을 떠나 제물포로 향했다. 병약했던 셔우드는 5개월에 접어들면서 건강을 회복하고 무럭무럭 자라났다.

"에스더, 떠나기 전에 메리랑 수잔이랑 사진을 한 장 찍어 두자."

세 사람은 지난 4년 동안 선교지구에서 함께 살며 로제타의 곁에서 그녀를 수족처럼 도와주었던 자매이자 동료들이었다. 그들 중 에스더만 데리고 떠나려니 로제타도 이들도 서운하기 그지없었다. 로제타는 사진을 네 장 만들어서 한 장씩 나누어 가졌다.

3년 전 결혼했던 여메리는 결혼 3개월 만에 유학을 떠났던 남편이 미국 도착 직후 사망하는 바람에 과부가 되었다. 그녀는 여전히 감리교 선교부 안에 머물러 일하고 있었다. 노수잔은 로제타가 조혼 풍습으로 훈련한 조수들을 잃는 것을 피하고자 훈련할 과부들을 구하면서 찾은 이였다. 이화학당에 올 당시만 해도 한글 해독도 불가능했던 수잔은 몇 달이 지나자 한글은 물론이고 나날이 영적으로도 눈부시게 성장했다. 그녀는 오전에는 이화학당에 다니고 오후에는 보구여관에서 로제타의 유능한 조수로 거듭났다.

1894년 5월 8일, 로제타와 윌리엄 일행은 나룻배를 타고 평양의 대동문 밖 덕바위 나루터에 도착했다. 제물포에서 증기선을 기다리느라 2주, 오는 도중에 태풍을 만나 꼬박 나흘 동안 물 위에 떠 있어야만 했다. 모두들 흔들리는 배 안에서 심한 멀미를 했지만, 셔우드만은 배가 흔들리는 것을 놀이로 여기며 즐거워하는 것이 천만다행이었다. 로제타는 녹초가 되어 도착했으나 드디어 목적지에 이르렀다는 만족감으로 가슴이 뿌듯했다.

로제타 홀의 "my girls" - 왼쪽부터 여메리, 노수잔, 김점동(박에스더)

오후 2시쯤, 로제타는 가마를 타고 윌리엄이 마련해 두었던 집에 도착했다. 과일나무에 꽃이 피었고 노란 장미가 활짝 피어있는 아름다운 꽃밭을 얼핏 보았을 뿐 몰려드는 구경꾼들 때문에 곧바로 방으로 들어올 수밖에 없었다. 평양에 처음 등장한 서양 여성과 아기는 평양 사람들에게 처음 보는 별난 구경거리였다. 평양 여성들은 그런 좋은 구경거리를 놓치고 싶어 하지 않는 적극적인 사람들이었다.

"내일 10명씩 짝을 지어 오시면 5분씩 방으로 들어와서 아내와 아기를 구경하게 해 드리겠습니다."

윌리엄이 설득하여 사람들을 돌려보냈다. 한 시간에 120명을 보여줄 수 있으니 한 시간이면 족하리라고 두 사람은 생각했다.

"서두에 평양이라는 말을 써 놓은 것을 보시면 제가 얼마나 행복하고 만족스러운지 상상할 수 있을는지요."

그날 밤, 로제타는 스크랜튼 대부인에게 쓰는 편지를 이렇게 시작했다. 로제타는 편지를 마친 다음 기도를 드리고 행복한 마음으로 잠자리에 들었다.

다음 날 점심 식사 후, 사람들이 몰려들기 시작했다. 열 명씩 3조까지는 질서 있게 들어왔다가 나갔다. 그런데 곧 마당부터 대문 밖까지 사람들이 꽉 차면서 질서가 무너져 버렸다. 앞사람들은 질서를 지키고 싶어 했으나 나중에 도착한 사람들이 뒤에서 밀고 들어오는 바람에 방 두 개에 사람들이 꼼짝도 못 할 만큼 꽉 차 버렸다. 그들을 내보내려면 로제타가 마루로 나갈 수밖에 없었다. 로제타는 밖으로 나와서 마당을 가득 메운 사람들에게 자신의 모습을 보여주었다. 마당 안으로 들어온 사람들은 네 차례에 걸쳐 대략 1,500여 명은 된 듯했다. 사람들에게 가장 큰 구경거리는 단연 셔우드였다.

"아기 눈이 꼭 개 눈같이 생겼네."
 북쪽 지방에는 눈이 파란 개들이 더러 있었다.
 "아기 얼굴이 분같이 하얗네요."
 결국, 누군가가 셔우드를 꼬집어 울리고 말았다.
 "어라? 울음소리는 우리 애기들하고 똑같네."
 로제타는 여행의 피로에다 새로운 환경에 대한 두려움과 싸우기도 벅찬 판에 구경꾼들을 상대하는 일이 견디기 힘들었다.
 "자, 이제 내일 오후에 또 보여드리겠습니다."
 윌리엄이 나서서 이렇게 말하지 않고서 그들을 돌려보낼 수 없었다. 윌리엄은 수많은 사람으로부터 가족과 건물의 안전이 걱정되어 관청을 찾아가 도움을 요청하기로 하였다.
 "당신의 여권 좀 보여 주시오."
 윌리엄이 관찰사 민병석을 찾아갔을 때 그는 바쁘다며 대신 부하를 상대하게 했다. 관찰사는 수구파로 외국인들에게 적대감을 느끼고 있었다. 윌리엄을 상대한 관리가 퉁명스럽게 물었다.
 "당신이 살고 있는 그 집은 누구 소유요?"
 "그 집들을 산 사람은 유 씨고, 환자를 보기에는 여관이 너무 비좁아서 우리가 있는 동안에 그 집에서 머물게 된 것입니다."
 사실 그 집을 마련하기 전에 윌리엄이 환자를 진료하던 주막은 앞쪽이 길에 면해 있고 뒷마당은 닭장, 돼지우리, 외양간 등과 이웃해 있는 곳이었다. 골목길이 바로 환자 대기실이었고, 도배가 안 되어 있던 벽에서는 흙이 떨어지기도 했다.
 "그런데 당신 부인은 왜 온 거요?"
 관리가 윌리엄에게 적대감을 드러내며 물었다. 그동안 혼자 머물던 윌리엄이 가족들을 데려오자 영구적으로 이주한 것으로 받아들인 듯했다.

"그 사람이 여기 머무는 것을 허락하면 외국인들이 하나둘 더 들어오게 되고, 결국 평양이 외국인 천지가 될 것이오."

곁에 있던 김 씨 성을 가진 젊은이가 말했다. 윌리엄은 그의 말에 깜짝 놀랐다. 전에 윌리엄은 그의 고장 난 시계를 서울로 가져다 고쳐 준 적이 있었다. 따라서 윌리엄은 그가 자신에게 호의를 갖고 있을 거라 생각하며 그가 그곳에 있는 것을 든든하게 여기고 있었기 때문이었다.

"제 아내도 의사입니다. 이곳에서 어린아이들과 여자 환자들을 치료해 줄 것입니다."

윌리엄이 말했다.

"내일 아침에 다시 오시오."

관리가 윌리엄을 내쫓듯 손을 내저으며 말했다. 윌리엄은 결국 관찰사를 면담하지 못하고 돌아올 수밖에 없었다. 여전히 로제타와 윌리엄은 감사하는 마음으로 기도를 올린 다음 잠자리에 들었다.

"홀 박사님, 큰일 났습니다. 김창식 조사가 잡혀갔습니다."

5월 10일, 새벽 2시에 윌리엄이 개종시킨 오 씨와 이 씨가 와서 김창식이 잡혀갔다는 소식을 전했다. 장로교 목사인 마펫 목사를 돕던 한석진과 그에게 집을 판 사람도 함께 체포되었다는 것이었다.

"포졸들이 그들을 때리고 큰 칼을 씌웠다고 합니다."

곧바로 김창식의 아내가 와서 울면서 말했다.

"박사님, 포졸들이 감히 박사님을 잡아다가 때릴 수 없으니 제 남편을 대신 잡아간 것이라고 합니다. 아침에 또 때린다고 하더이다."

두 사람은 뜬눈으로 밤을 새운 뒤, 6시 반쯤 윌리엄은 다시 관찰사를 만나러 갔다. 윌리엄이 집을 비운 사이 포졸들이 찾아왔다.

"10만 냥을 주시오. 그러면 오늘 김창식을 때리지 않겠소."

"나는 모르오. 내 남편에게 물어보시오."

로제타는 그렇게 대답할 수밖에 없었다. 그만한 돈도 없었지만 주어야 할지도 알 수 없었다. 아침 8시쯤 윌리엄이 오석형과 함께 돌아왔다.

"창식이 목에 칼을 너무 조여 놓아서 심하게 고통을 당하고 있었소."

윌리엄의 눈에서는 눈물이 글썽였다. 그때 밖에서 소란스러운 소리가 들렸다. 두 사람이 급하게 밖으로 나왔을 때는 이미 포졸들이 오석형을 붙잡아 가고 있었다.

"얼른 서울로 전보를 쳐서 도움을 요청해야겠소."

윌리엄은 급히 중국인이 운영하는 전신소로 달려갔다. 윌리엄은 계속 오전에 한번, 오후에 한번 전신소의 중국인을 통역으로 동행하고 관찰사 면담을 요청했으나 그는 묵묵부답이었다.

이런 긴박한 상황에서도 로제타와 셔우드를 보려는 구경꾼들은 계속 몰려들었다. 10명에서 12명씩 무리 지어 들어오는 그들은 질서를 잘 지켰고, 옷도 깨끗하게 차려입고 있었다. 선한 얼굴을 하고 있는 그 여성들을 보며 로제타는 그들을 좋아하게 될 것이라 확신했다. 미리 가져가기 좋은 물건들을 치워 놓은 것이 무색하게도 그들은 로제타와 셔우드에게만 관심을 보였을 뿐 가구나 다른 물건에는 전혀 관심을 보이지 않았다.

"우리 친구들이 잡혀갔는데 겁나지 않나요?"

로제타는 에스더를 시켜 구경꾼들에게 물어보았다. 에스더와 실비아는 겁에 질려 있는 것에 비해 그들은 전혀 개의치 않는 듯했다. 그나마 그들이 적대감이나 두려움을 보이지 않는 것이 천만다행이었다.

조선인 동료들은 붙잡혀 가서 처형될지도 모른다는 두려움이 사라지지 않았다. 도시를 통틀어 외국인은 자신의 가족 세 사람뿐이었다. 로제타는 관청의 적대감을 마주한 이상 자신들이 평양에 영구적으로 머무는 것은 불가능하지 않을까 불안했다. 게다가 자신과 아이는 동물원 원숭이처럼 사람들에게 구경거리가 되어 있었다. 이 모든 상황을 견뎌내며 웃는 모습을 유지하기는 더할 수 없이 어려운 일이었다. 하지만 로제타는 해내고야 말았다. 그리고 그런 자신의 성취를 자랑스럽게 일기에 적었다.

12. 조선의 바울

 윌리엄은 관찰사를 만나러 가고 로제타는 구경꾼들에게 둘러싸여 있는 와중에 포졸들이 김창식을 끌고 왔다. 포승줄에 묶인 김창식의 몰골은 말이 아니었다.
 "이놈이 다시 매질을 당하게 하지 않으려면 10만 냥을 내놓으시오."
 김창식은 그동안 감옥에서 큰 칼을 쓰고 있었기 때문에 이미 용기를 많이 잃은 듯했고 겁에 질려 있었다. 로제타는 그의 모습을 보자 가슴이 무너지는 듯했고 두려웠다. 하지만 포졸들의 요구를 들어줄 수는 없는 노릇이었다. 요구를 거부하자 그들은 김창식을 끌고 나갔다. 그러자 이번에는 다른 포졸들이 오석형을 끌고 와서 같은 요구를 했다.
 "사모님, 절대로 이들에게 돈을 주지 마십시오."
 오석형은 김창식에 비해 밝은 표정이었다. 김창식보다 나중에 갇혔고 큰 고문을 당하지는 않은 듯했다. 그들이 떠나고 난 뒤, 잠시 후에 서류 한 장을 든 관리가 찾아왔다.
 "저 사람이 우리가 이 집에서 나가야 한다고 합니다. 그리고 들고 있는 서류를 받으라 합니다."
 에스더가 그의 말을 통역해 주었다. 로제타는 그 서류를 받아서는 안 될 것으로 생각되었다. 로제타가 서류 접수를 거부하자 그는 서류를 대문에 붙여 놓고 갔다. 이어서 윌리엄이 서울의 스크랜튼 박사로부터 온 전보를 들고 기쁜 얼굴로 들어왔다.

"영사관에서 조선 정부의 외무부를 통해 즉시 조치를 취한다고 합니다."

"관찰사는 만났나요?"

"중국인 통역사를 통해 내가 계속 자기를 만나길 원한다고 전했고, 서울로 전보를 쳐서 이 상황을 알렸다는 말을 전해도 끄떡도 하지 않더라 하오."

관리가 대문에 붙여 놓고 갔던 서류의 내용은 나중에야 한국인 친구가 해석해 주어서야 알게 되었다.

"홀 박사가 부인과 함께 온 것을 보니 여기서 오래 살겠다는 표시이다. 집을 전 주인에게 돌려주고 이 집 안으로 환자를 제외하고 다른 이들은 들어오지 못하게 하라. 천주교와 개신교는 모두 나쁜 것이므로 가르침을 들어서는 안 된다."

윌리엄은 다시 전신소로 갔다. 영국 총영사 가드너$^{\text{C. T. Gardner}}$로부터 전보가 와 있었다. 조선 외무부에 갇힌 이들의 석방과 홀 가족의 보호를 요청하겠다는 내용이었다. 윌리엄이 안도하며 집으로 돌아와 늦은 점심을 먹으려 할 때였다. 감옥에서 간수들이 찾아와 또다시 겁을 주었다.

"돈을 주지 않으면 갇힌 이들을 때리겠소."

조선 사정에 밝지 않은 외국인들을 겁박하여 돈을 뜯어내겠다는 속셈이 분명했다. 그들이 돌아가고 난 뒤 윌리엄이 늦은 식사를 하려 할 때였다.

"박사님, 대문에 문서를 붙여 놓고 갔던 관리가 다시 찾아와서 그 문서를 달라고 합니다."

"기다리라고 전하시오. 너무 피곤해서 오늘은 만날 수 없으니 내일 오라고 전하시오."

윌리엄은 식사를 시작하며 말했다. 자신이 관찰사를 만나러 갔을 때 들었던 답변 그대로였다.

"포도대장이 그것을 가져오라고 했답니다. 자기가 그것을 가져가지 못하면 심하게 매를 맞을 것이라며 돌려 달라고 사정을 합니다."

밖에서 들려온 소리였다.

"주지 마세요."

로제타가 윌리엄에게 말했다.

실랑이 끝에 관리가 돌아갔다는 말을 들은 뒤, 얼마 지나지 않았을 때였다. 갑자기 밖에서 미친 황소가 울부짖으며 땅을 차는 듯한 소리가 들려왔다. 관리에게 서류를 받아오라고 시켰던 포도대장이 직접 찾아온 것이었다. 밖으로 나온 로제타는 사람이 그렇게 심하게 화를 내는 것을 본 적이 없었다. 그 소리에 잠들었던 셔우드가 깨어나 울음을 터뜨렸다. 포도대장은 하루 종일 방 안에 숨어 있다가 잠깐 밖에 나왔던 박유산을 발견하고는 그에게 달려들어 상투를 움켜쥐고 발로 마구 차기 시작했다.

"이 자를 끌고 가라."

포도대장은 분에 겨워 소리를 질렀다.

"박사님, 살려주세요. 제발 그 문서를 줘 버리세요."

박유산이 울부짖으며 외쳤다. 윌리엄과 로제타는 더 이상 버틸 수 없다고 생각하고 서류를 내주고 말았다. 포도대장은 그 서류를 손에 쥐자 씩씩거리며 떠났다.

저녁 8시경, 서울에서 조선 주재 미국 총영사 실[John M. B. Sill]이 보낸 전보가 도착했다. 영국 총영사와 함께 조선 외무부에 간힌 이들을 석방하고 조약에 따라 투옥 사실과 이유를 알려 달라고 요청했으며, 윌리엄 가족의 보호를 요청했다는 내용이었다. 거의 같은 시간에 장로교의 사무엘 마펫 목사가 보낸 전보도 도착했다. 여호수아 1장 9절이 적혀 있었다.

너는 내 명령을 듣지 않았느냐. 힘을 내고 용기를 가져라. 무서워 떨지 마라. 네가 어디로 가든지 네 하느님 야훼가 너를 떠나지 아니하리라.

로제타와 윌리엄은 전보문에서 큰 위안을 얻었다. 기도를 끝내고 평온한 마음으로 잠자리에 들려고 로제타가 옷을 갈아입고 있을 때였다.
"와장창…."
커튼이 가려져 있어 모르고 있었는데 문이 열려 있었던 듯했다. 돌멩이가 날아와 문 앞에 있던 항아리를 박살 냈다. 어찌나 큰 소리가 났는지 집안의 모든 사람이 깜짝 놀랐다. 평양 사람들은 적대감을 돌팔매질로 표시하는 경우가 많았다. 문을 닫고 그 앞에 두꺼운 이불을 쌓아 놓고 잠을 청했다. 다행히 돌은 더 날아오지 않았고 두 사람은 푹 잘 수 있었다.
5월 11일 아침, 관찰사가 보낸 전령이 왔다. 로제타와 윌리엄은 잔뜩 기대를 품고 희소식을 들을 마음의 준비를 했다.
"서울에서 전보가 왔소. 영국과 미국 영사가 국왕을 알현했는데 평양은 기독교를 전파해서는 안 되는 곳이라는 것을 확인했다 하오. 전하께서는 홀 박사가 나쁜 사람이라 말씀하셨고, 잡혀 온 기독교인들을 모두 참수하라는 명령을 내렸다 하오."
두 사람은 기대했던 바와는 완전 딴판인 그의 말에 넋을 잃을 지경이었다. 물론 거짓임이 분명했지만 당장 어찌해야 할지 알 수 없는 노릇이었다. 김창식은 그동안 갇혀 있던 도둑들의 방에서 사형수의 방으로 옮겨졌고, 그의 목에 다시 큰 칼이 씌워졌다고 했다.

"김창식이 오석형이나 한석진보다 더 심하게 매를 맞고 위협당하는 것은 그가 예수님의 가르침을 포기하라는 그들의 요구를 거부하고 있기 때문이라 하오."

감옥에 다녀온 윌리엄이 눈물을 흘렸다.

"그는 계속되는 심한 매질과 죽음의 위협 때문에 수백 번은 죽을 것 같은 마음의 고통을 겪고 있을 거예요. 창식은 조선의 바울이에요. 주님께 영광을 드립니다. 하나님께서 그를 지켜주실 거예요."

로제타는 김창식뿐만 아니라 자신과 윌리엄을 위한 간절한 기도를 담아 이렇게 말했다. 로제타의 말대로 그는 1901년, 한국 개신교 최초의 목사가 되었다.

"이 땅에서는 불과 28년 전에 아홉 명의 프랑스 선교사와 8,000여 명의 가톨릭 신자들이 죽임을 당했어요. 조선에 종교의 자유가 올 날이 머지않아 보이지만 그 날이 오기까지 몇 명의 목숨이 더 필요할지도 모르오."

윌리엄이 처연한 목소리로 말했다. 그는 1866년 병인박해에 대해 들은 적이 있었다. 로제타는 그 또한 용기를 잃어가는 모습이 안타까웠다. 윌리엄은 서울에 평양의 상황을 전한다며 다시 전신소로 갔다. 서울에서 온 이들이나 평양의 기독교인들 모두 낙심하여 두려움에 떨고 있었다. 로제타는 그들에게 용기를 북돋아 주기 위해 필사적으로 노력하고 있었으나 그리 성공적으로 보이지는 않았다.

"우리에게 물을 길어다 주는 지게꾼이 매질을 당했다 합니다. 어제 셔우드를 목욕시켜서 이유식을 만들 물은커녕 당장 오늘 밥 지을 물도 부족해요."

에스더가 말했다. 설상가상이었다. 집 안에 우물이 없어서 지게꾼을 시켜서 1km 정도 떨어진 대동강에서 물을 길어 와야 했다. 물장수들은 매질이 무서워서 이제는 아무도 물을 길어다 주지 않을 것이었다. 서울에서 온 전보에는 희망적인 말들이 가득했으나 여전히 평양의 관찰사는 요지부동이었다.

"그들은 여전히 갇혀 있는 우리 친구들을 죽이겠다고 위협을 가하고 있소. 갇혀 있는 이들이 동학교도임을 자백했다고 억지 주장을 했소. 게다가 우리도 동학교도들과 내통하고 있다고 서울에 보고했다 하오. 관찰사는 왕비의 친척이어서 무슨 일이 있어도 처벌을 받지 않을 거라며 큰소리까지 치더이다."

윌리엄이 돌아와서 한 말이었다. 모두들 불안에 떨며 숨죽이고 있었다.

오후 네 시가 되어 스크랜튼 박사가 보낸 전보가 도착했다.

"그들이 우리 친구들을 죽이지는 못할 것입니다. 조선 정부에서는 그들을 모두 석방하라는 명령을 두 차례나 내렸습니다. 마펫 목사와 맥켄지 목사가 사흘 후 평양에 도착할 것입니다."

또다시 윌리엄이 전신국에 가 집을 비운 사이 6시경에 관찰사가 죄수들을 모두 자기 앞으로 끌고 오라는 명령을 내렸다는 소식이 들려왔다.

"이제 죽이려는 모양이에요."

에스더와 실비아는 공포에 떨고 있었다.

"아니야. 이제 풀어줄 모양이야."

로제타는 확신에 차서 말했다. 그로부터 한 시간이 지났을 무렵, 김창식이 비틀거리며 들어와 마당에 푹 쓰러졌다. 그의 몸은 축 처져 있었고, 차가웠으며 말도 제대로 하지 못했다. 감옥에서 집으로 돌아오는 내내 돌팔매질을 당하며 왔다고 했다. 로제타는 그를 방으로 옮겨 따뜻한 담요를 덮어주고 안정제를 먹였다. 곧이어 윌리엄이 집으로 돌아와 김창식을 살펴본 후 서울에 석방 사실을 알리기 위해 다시 전신소로 달려나갔다.

저녁 9시 무렵, 두 시간 정도 휴식을 취한 김창식은 음식을 넘길 만큼 기력을 회복했다.

"바로 석방될 줄 알았던 저희는 이틀째 갇혀 있자 모두 죽을 일만 남았다고 생각하며 절망에 빠져 있었어요."

결국, 밖에 남아 있던 가족들 걱정에 김창식을 제외한 모든 이들은 베드로가 되는 길을 택하고 말았다. 하지만 김창식은 승리했다. 그는 예수를 부인하고 모독하라는 명령을 거부했을 뿐 아니라 당당하게 결연한 의지를 표현했다.

"사람들이 아무리 그리스도교 교리가 나쁜 것이라 할지라도 나는 그것이 진리임을 안 이상, 그 교훈에 따라서 살 것이고 가르칠 것이오."

그가 집으로 돌아오는 내내 돌팔매질을 당했던 이유였다. 김창식이 기력을 회복했을 무렵 오석형이 왔다. 그의 아내는 쌍둥이를 출산한 뒤 몸이 허약해져 있던 상태에서 남편이 구속되자 충격을 받아 몸져누워 있었다. 그는 출옥하자 바로 아내를 보러 갔었다. 이 모든 환란 중에 변함없이 윌리엄 곁에 머물렀던 이 씨와 김 씨 성을 가진 청년들도 왔다. 모두 함께 모여 짧은 찬양 예배를 드렸다. 김창식이 사도행전 16장을 읽고 기도를 인도했다.

"그렇게 충직하게 예수를 위해 순교하겠다는 이를 보는 것은 아무나 누릴 수 있는 특권이 아니오. 나는 그의 발 앞에 무릎을 꿇고 싶을 만큼 그가 존경스럽소. 그리고 흔들리지 않는 믿음을 보여준 당신에게도 감사하오."

"저야 그리 대단할 것도 없었지만 김창식은 예수님의 신실한 순교자예요. 어디서도 그런 사람을 찾아볼 수 없을 거예요. 조선의 바울을 보내준 하나님께 찬미와 감사를 드려요."

　로제타는 김창식에게 깊은 감동과 감사함을 느꼈고, 그를 조력자로 보내주신 하나님께 진심으로 감사했다. 어디를 가든 그분께서 함께 계시고 함께할 천사들을 보내주신다는 것을 다시 깨달은 은혜로운 사흘이었다.

13. 서울로 돌아오다

 김창식과 오석형 등 갇혀 있던 기독교인들이 모두 풀려난 뒤에도 기독교인들에 대해 관원들과 주민들의 적대감은 쉽게 사라지지 않았다. 관원들은 여전히 기독교인들을 따라다니며 모욕하고 위협했다. 홀 가족이 머물고 있던 집에 돌을 던지고 벽을 무너뜨리기까지 했다. 다행히도 시간이 지나며 사나움이 점점 잦아드는 것이 참으로 다행스러운 일이었다.
 "우리가 당한 고난이 한국 땅에 종교적 관용을 가져오는 밑거름이 되었으면 좋겠어요."
 로제타가 말했다.
 "미국은 종교나 정치 문제에 개입하지 않는 정책을 취하기 때문에 그런 요청을 하게 된다면 영국이 하게 될 거요. 그러니 여기에서 당신과 내가 최초로 고난을 당한 것이 다행입니다."
 1931년까지 캐나다는 영국령이어서 당시 윌리엄은 법적으로 영국인이었고, 로제타 또한 결혼으로 인해 영국 시민이 되어 있었다.
 "그런데 영국이 조선에 종교적 관용을 요구하는 대신에 평양을 개항장으로 요구할 수도 있어요. 그렇게 되면 많은 중국인과 일본인들이 온갖 상업적 목적을 가지고 몰려올 거예요. 그러면 평양은 탄광과 금광. 농산물 등 조선에서 가장 부유한 항구가 될 것으로 보여요."

로제타는 평양이 그렇게 되는 것은 바람직하지 않다고 생각했다. 하지만 그 길만이 합법적으로 이곳에 살 방법이라면 어쩔 수 없는 일일지도 모를 일이었다.

'하나님, 당신의 방법으로 모든 것이 협력하여 당신의 나라가 확장되게 하소서.'

로제타는 모든 것을 그분께 맡기는 수밖에 없었다.

수감자들이 풀려나고 사흘 후, 서울에서 마펫 목사와 멕켄지 목사가 도착했다. 윌리엄과 로제타는 이들의 얼굴을 보는 것만으로도 크게 의지가 되었다. 서울에서는 로제타와 아기가 머물기에는 평양이 아직 안전하지 못하다고 판단했다. 스크랜튼 박사가 평양으로 로제타와 아기를 데리러 올 거라는 전보가 왔다.

"나는 이곳이 더 편안하고 행복해요. 스크랜튼 박사가 여기까지 날 데리러 오는 것은 시간 낭비일 것 같아요. 그럴 필요가 없다고 전보를 보내세요."

"사실 환난을 겪는 동안 가장 흔들림이 없었던 이는 로제타 당신이었다는 것을 서울에서는 몰라서 그럴 거요."

"지금 내가 이곳을 떠나면 평양의 관원들은 자신들이 승리했다고 쾌재를 부를 것이에요. 그리고 내가 겁이 나서 도망갔다고 선전할 거예요. 서울로 돌아간다는 것은 생각조차 하고 싶지 않아요."

"누가 당신을 말리겠소. 스크랜튼 박사에게 오지 말라고 전보를 치겠소."

"내가 행복하게 환자들을 진료하고 있다는 말도 꼭 덧붙이도록 하세요."

로제타는 5월 15일부터 성문 곁 한옥에서 환자들을 진료하기 시작했다. 에스더가 동행했다. 방 하나는 대기실로, 하나는 진료실로 사용했다. 처음에는 환자들에게 차례를 지키게 하거나, 한 번에 한 명씩 진료한다는 것을 이해시키는 데 어려움이 있었다. 날이 지나면서 기다리면 모두 똑같은 진료를 받게 된다는 것을 그들이 알게 되면서 질서를 유지하기가 쉬워졌다. 진료소를 찾아오는 이들이 모두 환자는 아니었다. 로제타를 구경하러 오는 이들도 많았다. 로제타는 구경만 하러 오는 이들은 막고 있다가 환자의 진료와 치료가 다 끝난 이후에 자신을 구경할 수 있게 했다.

일주일 동안 로제타와 셔우드는 건강을 잘 유지했다. 그런데 동시에 둘 다 설사를 시작했고, 셔우드는 심하게 토한 후부터 창백해지기 시작했다. 윌리엄도 심한 기침과 가래가 끓었다.

"윌리엄, 당신 젊었을 때 앓았던 폐결핵이 다시 도지지 않았을까 걱정이에요."

윌리엄은 십 대에 결핵으로 죽음의 문턱까지 갔다가 살아나면서 의사가 되어 어려운 이들을 돕겠다는 결단을 내리고 의대에 진학했다.

"그럴 리가 없어요. 날씨가 따뜻해졌으니 나아지겠지요."

"지난 한겨울에 스크랜튼 박사가 당신에게 평양으로 가라고 했을 때 제가 염려했던 바가 바로 이거였어요."

"괜찮을 거요."

윌리엄은 자신의 건강에 대해 전혀 개의치 않았다. 하지만 로제타의 마음 한구석에 자리한 걱정은 사라지지 않았다.

1894년 5월 23일, 뜻밖에도 스크랜튼 박사가 평양에 도착했다. 그는 영국 영사의 편지를 가져왔다. 로제타와 셔우드가 빨리 평양을 떠나는 것이 좋겠다는 내용이었다.

"박사님, 이곳에서 이제 겨우 일을 시작했어요. 하루에 적어도 여덟 명에서 열아홉 명까지 환자를 보고 있어요. 게다가 관찰사도 우리가 실질적으로 이 집을 소유하는 것에 동의한 상황이라고요. 제가 지금 이곳을 떠난다는 것은 상상할 수도 없는 일이에요."

로제타는 강력하게 평양에 남기를 주장했다. 윌리엄에게 집을 팔았던 전 주인에게 다시 집을 돌려주라 고집하던 관찰사의 태도도 우호적으로 바뀌었다. 그는 집을 판 후에도 여전히 그 집에서 나가지 않고 머물러 있던 전 주인에게 집에서 나가라고 명령했다.

"서울로 돌아오지 않더라도 안전을 위해 어디든 개항장으로 이동하라는 것이 영사의 지시요."

스크랜튼 박사가 영사의 지시를 전달했다.

"증기선이 되도록 늦게 왔으면 좋겠네요."

로제타는 떠나고 싶지 않은 마음으로 말했다. 그런데 증기선 한 척이 스크랜튼 박사가 도착하고 일주일도 채 안 되어 도착했다는 소식이 들려왔다.

"영사의 지시에 따르는 것이 최선이라 생각해요."

스크랜튼 박사가 주장했다. 결국, 모두들 로제타와 셔우드가 평양을 떠나는 것이 좋겠다는 결론에 이르렀다. 로제타는 마지못해 5월 29일에 떠나는 증기선을 타기로 하고 짐을 쌌다. 떠나고 싶어 하지 않던 로제타의 마음 때문이었을까? 로제타는 며칠 동안 복통으로 고생하고 있었는데 통증이 심해지면서 혈변까지 동반하며 증세가 악화되었다. 이질에 걸린 것이었다.

"이 상태로 밤새 강가에 있는 것은 결코 바람직하지 않아요."

스크랜튼 박사가 말했다.

"아, 이건 하나님의 섭리예요."

로제타는 하나님께서는 자신이 평양을 떠나는 것을 원치 않으신다고 생각했다. 이제 다시 증기선이 언제 올지 알 수 없었다. 그런데 일은 다시 사람들의 예상대로 진행되지 않았다. 치료를 받으면서 로제타의 이질 증상은 점점 나아졌고, 진료를 다시 시작하려던 참에 대동강 하구 보산에 다시 증기선이 도착했다는 소식이 들려왔다. 호남에서 일어난 동학군의 봉기를 진압하려 평양의 관군들을 실어 가기 위해서였다.

"로제타, 서울의 영사로부터 이곳에 머물러도 좋다는 연락도 없었고, 정치적 상황이 급박하게 돌아가는 듯하니 빨리 이곳을 뜨는 것이 좋을 듯하오."

결국, 윌리엄도 함께 평양을 뜨기로 결정했다. 1894년 6월 5일 아침에 에스더 부부와 셔우드의 보모인 실비아를 포함한 로제타 일행은 귀경길에 올랐다. 대동강을 오가는 늙은 뱃사공의 실수로 일행은 다음 날 오후에야 증기선에 다다를 수 있었다. 청룡이라는 이름을 가진 제법 규모가 큰 증기선이었다.

일행 중 유일하게 방글방글 웃으며 파도타기를 즐기던 셔우드는 함께 탄 410명의 군인에게 좋은 구경거리였다. 뱃멀미와 함께 한 27시간의 항해 끝에 로제타 일행은 제물포에 도착했다. 로제타 가족은 마중 나온 존스 목사 집으로 갔다. 로제타와 함께 미국에서 파견되었던 마가렛 벵겔은 존스 목사와 결혼하여 인천에서 선교하고 있었다. 제물포항에는 미국의 군함인 볼티모어 호를 포함하여 13척의 외국 군함이 정박해 있었다.

"수천 명의 일본 군인과 청나라 군인이 도착했다는 소문이 돌고 있어요. 조선이 남쪽에서 일어난 반란을 진압하기 위해 청나라에 도움을 청한 것 같아요."

존스 목사가 말했다.

"일본에 알리지 않고 청나라가 조선에 군사를 상륙시킨 것은 그들 사이에 맺은 조약을 어긴 것 아닌가요?"

로제타가 물었다.

"그러니 일본이 또 조선으로 군사들을 보내고 있는 것이지요."

존스 목사의 대답이었다.

"마치 타고 있는 불에 기름을 부은 듯하군요. 가여운 조선! 그들의 충돌로 이 나라가 소멸되지나 않을까 걱정이네요."

로제타는 진심으로 조선의 처지가 걱정되었다. 어느덧 이 나라가 자신의 나라처럼 느껴지고 있었다.

1894년 6월 12일, 오후 네 시경에 로제타 가족은 서울에 도착했다. 그날 밤 셔우드는 밤새 앓았다. 혈변을 누는 것을 보니 이질이 분명했다.

"박사님, 노블 부인이 산기가 있는 것 같습니다."

서울에 도착한 다음 날 밤 자정 무렵, 누군가가 다급한 목소리로 로제타를 깨웠다.

"예정일이 일주일 정도 남아 있는데 진통이 시작되었나 보군요."

로제타가 외출을 서두르며 말했다.

"만약 아기가 태어난다면 노블 목사가 집에 도착하여 깜짝 놀라겠군요."

윌리엄이 웃으며 말했다. 노블 목사는 고향으로 결혼식을 올리러 가는 버스티드 박사를 배웅하러 제물포에 간 뒤 돌아오기 전이였다. 노블 부인은 6시간여 동안의 진통 끝에 건강한 여자 아기를 순산했다. 루스 노블Ruth Noble이었다. 이 아기는 훗날 아펜젤러 목사의 아들인 헨리 아펜젤러와 결혼하여 대를 이어 선교사로 봉사했다. 그날 오후에 집에 돌아온 아기 아빠의 놀라움과 기쁨은 컸다.

이질에 걸린 셔우드는 일주일 내내 선홍색 혈변과 심한 구토에 시달렸다. 엄마, 아빠가 의사인 것도 아무런 소용이 없었다. 증상이 점점 심해지면서 식욕을 완전히 잃어버려 생명이 사그라질까 걱정될 지경에 이르렀다. "여태껏 본 아기 중에서 가장 잘 웃는 아기"라는 말을 듣는 셔우드는 여전히 눈이 마주칠 때마다 미소를 짓고 약도 잘 받아먹어서 엄마의 가슴을 더 미어지게 했다.
 "주님, 당신의 뜻이라면 아기가 저희 곁에 남아 있게 해 주세요."
 홀 부부의 간절한 기도였다.
 "만약 셔우드가 하나님 곁으로 간다면 저는 다시는 아기를 갖지 않을 거예요. 그 아기 역시 우리 곁을 떠날까 봐 항상 두려움에 떨게 될 것이니까요."
 로제타의 말에 윌리엄은 아무런 대답도 하지 않았다. 그 또한 로제타의 말에 십분 공감하고 있다는 뜻이었으리라.
 6월 27일, 로제타와 윌리엄은 결혼 2주년을 맞았다.
 "2년 전 오늘, 내가 보석을 갖게 될 것을 알았지만 그게 얼마나 큰 것이었는지 이제야 알기 시작했소. 그때도 당신을 더없이 사랑했지만, 지금은 천 배는 더 사랑하오."
 윌리엄이 로제타를 무릎 위에 앉히고 키스를 하며 말했다.
 '나도 온 마음을 다해 당신을 사랑해요. 당신은 세상 모든 남편 중에서 당신이 최고라는 것을 증명했어요.'
 로제타는 이렇게 혼자 속으로 중얼거렸을 뿐 성격상 소리가 되어 밖으로 나오지는 않았다. 지난 일주일 동안 셔우드를 잃을까 가슴이 쪼그라지던 순간들이 여러 번 있었다. 다행히도 한 달 가까이 병과 싸우던 셔우드는 서서히 아주 천천히 건강을 회복했다.
 "새로 맞이하는 한 해가 이전보다 더 좋은 시간이 되길 바라며, 우리의 사랑과 행복이 변함없이 지속되기를 소망합니다. 얼마나 좋으신, 얼마나 선하신 우리의 하나님이신지요."
 로제타는 가슴이 뻐근하도록 깊은 감사의 기도를 올렸다. 이토록 사랑하는 남편, 아들이 곁에 있는 한 어떠한 시련이나 고난이 닥쳐와도 두려울 것이 없을 듯했다.

로제타 홀의 아들 셔우드와 딸 이디스의 사진

DR. WILLIAM JAMES HALL

施病院

대개하느님이⋯⋯
외아들예수크리스도⋯
⋯⋯⋯⋯⋯⋯⋯⋯
⋯⋯⋯⋯⋯⋯⋯⋯
⋯⋯⋯⋯⋯⋯⋯
⋯⋯⋯⋯⋯⋯⋯⋯⋯
죄를사하여주시리라

제3부

슬픔의 골짜기를 지나서, 다시 조선으로

14. 잔인한 이별

　로제타의 개인적 평화와 사랑이 충만한 삶과는 반대로 조선은 전쟁의 한가운데에 있었다. 동학 농민군을 진압하고자 조선 정부가 청나라에 파병을 요청하여 그들이 들어오자 일본군도 상륙하면서 청일전쟁이 발발하였다. 이전에 조선에 출병할 때는 서로 통고하기로 한 텐진조약을 주고받았던 두 나라였다. 1894년 7월 23에는 일본군이 서울을 점령했다. 스크랜튼 박사와 윌리엄이 일하는 시병원에 열두어 명의 부상자가 들어왔다. 두 사람은 의사, 간호사, 약사 일인삼역을 해가며 환자들을 돌보았다.
　"박사님, 저는 이렇게 사람들을 도울 수 있다는 게 정말 좋습니다. 이렇게 한평생을 살고 싶습니다."
　밤잠을 설치며 정신없이 이리 뛰고 저리 뛰며 환자를 돌보면서도 윌리엄이 스크랜튼 박사에게 한 말이었다.
　일본군은 해전과 육지전에서 모두 승리했다. 전쟁 동안 서양 선교사들은 모두 서울 안에 머물렀다. 가뭄에다가 심한 무더위가 겹쳐 병자들이 많이 발생했다. 윌리엄은 더위를 피하고자 학교 운동장에 텐트를 쳤다. 로제타와 셔우드는 그 안에서 겨우 밤잠을 이룰 수 있었다.
　그 무더위 속에서 에스더가 아기를 낳았다. 1.8kg의 미숙아였다.

임신한 몸으로 서울에서 평양까지, 평양에서의 노심초사, 다시 평양에서 서울까지 긴 여행을 견뎌내는 것이 무리였던 듯했다. 그 작은 아기는 36시간 만에 엄마의 품을 떠나갔다. 아기를 위한 소박한 장례식 날에 장로교의 빈튼$^{\text{Charles C. Vinton}}$ 선교사의 아기 캐디도 땅에 묻혔다. 로제타는 두 엄마의 슬픔이 남의 일로 느껴지지 않았다. 자신 또한 아기를 잃는 두려움에서 놓여난 직후였기 때문이었다.

1894년 9월 19일, 로제타는 스물아홉 살 생일을 맞았다. 곧 이십대를 마감한다 생각하니 기분이 묘했다. 아침 식사 후 책상 위에서 에스더 부부가 보낸 작은 선물 꾸러미를 발견했다. 수가 놓인 비단 스카프와 축하 카드가 들어 있었다. 고향에서 온 편지는 더할 수 없이 기쁜 선물이었다.

"조는 네가 평양으로 다시 가지 말았으면 좋겠다고 말한다. 하나님께서 그들을 이교도로 만드셨으니 그냥 그대로 내버려 두라는구나. 하나님께서 원하시면 어떻게든 그들을 개종시키실 수 있으실 거란다."

편지에서 어머니는 조의 입을 빌려 자신의 걱정을 적고 있었다. 어머니는 딸이 다시 위험한 곳으로 가는 대신에 집으로 돌아오기를 간절히 바라고 있었다. 로제타는 열변을 토하는 조의 모습을 상상하며 미소를 머금었다. 고향의 부모님과 동생, 조. 너무나도 그리운 얼굴들이었다. 이날은 로제타가 일생 완벽하게 행복했던 마지막 생일이었다.

1894년 9월 15일에 벌어진 평양 전투에서 일본군은 청군을 크게 무찌르면서 사실상 청일전쟁이 막을 내렸다. 10월 1일, 윌리엄은 다시 평양으로 떠났다. 장로교의 마펫 목사, 그레이함 리 목사와 함께였다. 평양에 도착해 보니 다행히도 그들이 머물던 집은 전쟁의 피해를 전혀 입지 않고 고스란히 남아 있었다. 평양을 점령한 일본군 군의관 하나가 그 집에 기독교인들이 있다는 소식을 듣고 찾아왔다. 그는 김창식과 필담을 주고받으면서 그도 감리교 신자임을 알게 되었다. 그 후로 일본인 군의관은 그 집에 거주하고 있었다. 장로교 목사들이 구입했던 집들은 폐허가 되어 있어서 장로교 목사들은 윌리엄과 함께 그 집에 머물렀다.

주민들이 피난을 떠나고 난 뒤, 죽은 도시처럼 보이던 평양 시내에 사람들이 돌아오기 시작하면서 다시 활기를 띠어 갔다. 피난에서 돌아온 지인들이 먼저 돌아와 있던 윌리엄을 보고는 반색했다. 윌리엄은 선교 사역에 더 큰 기대를 걸었다.

"땅이 부드러워져 옥토가 되었기에 많은 열매를 맺을 것이라 믿고 있소."

로제타에게 보낸 편지에 윌리엄이 기대에 차서 쓴 말이었다.

윌리엄은 청군 14,000명과 일본군 10,000명이 맞서 격전을 벌였다는 전장에 가보았다. 그곳은 온통 청군의 시신들로 가득했다. 아직 묻지 않은 시신들과 겨우 몇 인치 두께의 흙으로 덮인 시체들은 차마 눈 뜨고 볼 수 없을 지경이었다. 그곳은 악취로 숨을 쉬지 못할 정도였다. 시신들은 윌리엄이 사는 집에서 멀지 않은 성벽 밖까지 널려 있었다. 그러니 그곳의 위생 상태는 형언할 수 없었다.

환자들은 많아졌고, 윌리엄은 잠을 잘 틈도 없이 쉬지 않고 일을 해야 했다. 의사로서 환자를 치료하고, 매일 예배를 인도하는 목사 역할, 예전에 시작했던 광성학교를 다시 열고 학생들을 가르치는 교사 역할까지 일인삼역이었다.

윌리엄이 평양에서 눈코 뜰 새 없이 지내는 와중에 11월 10일, 서울에서는 아빠 없이 셔우드의 돌잔치가 열렸다. 로제타는 지난 1년 동안 셔우드를 잃을까 노심초사했던 순간들을 떠올리며 하나님께 감사했다. 조선의 풍습대로 셔우드의 돌상에는 앞으로의 인생을 점치기 위한 물건들이 놓였다. 넝마 인형, 책, 성경, 장난감 팽이, 청진기 등이었다. 셔우드는 물건 중에서 청진기를 집었다. 로제타는 셔우드가 엄마, 아빠의 뒤를 이어 의사가 될 수 있기를 소망하며 몹시 기뻐했다. 비록 아빠는 곁에 없었지만, 셔우드가 돌을 맞이한 것을 기뻐해 주고 축하해 주는 친구들이 많이 있었다. 에스더는 셔우드의 생일에 사랑이 듬뿍 담긴 축하 편지를 써 주었다.

"나의 사랑하는 셔우드, 네 첫 번째 생일이구나. 네가 이 세상에 와서 내가 널 사랑할 수 있어서 매우 기쁘단다. 네 엄마 아빠처럼 믿지 않는 사람들에게 꼭 필요한 사람들이 되어 좋은 일을 많이 하길 바라고, 부모님을 공경하고 그분들의 가르침에 순종하며 항상 친절하고 온유한 사람이 되어라. 훌륭한 소년이 되길 바라고 하나님의 말씀에 순종하고 그분을 사랑하여라. 하나님께서 네 생일을 축복하고 여러 가지 많은 것들을 이해할 수 있는 지혜를 주시기를 바란다…. 사랑하는 이모와 이모부로부터"

로제타는 에스더의 진심이 느껴지는 편지를 셔우드의 육아일기 안에 소중하게 간직했다. 에스더는 셔우드가 태어나던 날부터 가장 가까이에서 누구보다도 사랑을 쏟는 이모였다. 두 사람의 기도와 바람대로 셔우드는 훗날 부모의 뒤를 이어 의료 선교사가 되었다. 그리하여 몸과 영혼이 아픈 이들에게 사랑을 전하는 그리스도의 일꾼이 되었다.

로제타는 아들의 돌날에 사랑하는 아빠가 곁에 없는 것이 못내 안타까웠지만 불과 2주 후에 자신의 일생에서 가장 잔인한 일이 기다리고 있음은 상상도 하지 못했다. 평양에서는 죽은 중국인 병사들이 살아 있을 때보다 더 많은 사람을 죽이고 있었다. 시신이 썩으면서 열병과 이질 등의 전염병이 창궐하여 수많은 사람의 목숨을 앗아가고 있었다. 윌리엄과 함께 지내던 마펫 목사가 말라리아에 의한 열과 이질에 걸렸다. 그를 치료하느라 가지고 있던 약을 거의 다 써 버렸을 때 윌리엄이 열이 나기 시작했다.

"우리가 생명이 위험한 지역에서 너무 오래 머문 것 같습니다."
"가능한 한 빨리 서울로 돌아가는 것이 좋을 듯하오."

두 사람은 서울로 돌아가기로 했다. 그런데 말을 구할 수가 없었다.
"증기선이 있다는 보장도 없는데 박사님이 나루터까지 갈 수나 있을지 모르겠네요."

윌리엄과 마펫 목사, 그리고 일주일 전에 서울에서 보급품을 가지고 평양에 왔던 테이트$^{\text{Lewis B. Tate}}$ 목사는 온종일 걸어서 증기선이 정박한 나루터에 도착했다. 다행히도 일본 군인들을 실어 가기 위한 증기선이 있었다. 하지만 그 배 안에 타고 있던 600명의 군인은 대부분 열병과 이질을 앓는 환자들이었다.

세 사람은 11월 14일에 제물포에 도착한다는 이 배를 탔다. 배 안에서 윌리엄은 뱃멀미도 하지 않았고 열도 좀 내리는 듯했다. 그런데 배가 땅에 닿자마자 윌리엄은 구토에다 고열과 오한 증세를 보이며 다시 심하게 앓기 시작했다. 배 안에서 발진티푸스에 감염된 것이었다.

"한강을 따라 서울로 가는 증기선이 막 떠났어요."

윌리엄 일행이 증기선에서 내렸을 때 들은 말이었다. 다음 배를 타려면 또 하루를 기다려야 했다. 그다음 날 겨우 탄 배는 다시 강화도 근처에서 암초에 부딪히는 사고가 나고 말았다. 일행은 해안에 상륙해서 하루를 묵고 다시 돛단배를 구해 서울로 향할 수 있었다. 이리하여 윌리엄은 치료도 제대로 받지 못한 채 평양에서 서울까지 오는 데 꼬박 9일이 걸리고 말았다. 그 사이 윌리엄의 병세는 점점 나빠지고 있었다.

로제타는 남편이 병이 나서 서울로 오고 있다는 소식을 듣고 눈이 빠지라 기다리고 있었다. 용산 나루터에 의사와 가마를 대동하고 기다리는데 도착 예정일에서 사흘이 지나도록 소식이 없었다.

1894년 11월 19일 월요일, 로제타는 초조한 마음이었지만 급한 왕진 부탁을 받고 외출할 채비를 하다 남편이 도착했다는 소식을 들었다. 아기를 안고 부랴부랴 달려나갔던 로제타는 그만 가슴이 덜컥 내려앉고 말았다. 남편의 증상은 너무 심해서 혼자서 일어서지도 못할 지경이어서 다른 사람들이 침대에 옮겨 주어야 했다.

"아내가 기다리는 집에 건강한 상태로 돌아오는 것이 얼마나 큰 기쁨인지 알고 있었지만 아플 때 아내와 집이 얼마나 큰 위로가 되는지 새롭게 깨닫게 되는구려."

윌리엄은 그렇게 위중한 상태에서도 로제타에게 농담을 건넸다. 로제타는 잠시 그가 얼마나 심각한 상태인가를 잊고서 미소를 지었다. 윌리엄의 체온은 계속 40도를 넘기고 있었다. 서울의 모든 의사가 함께 진단과 치료법을 의논했다. 그는 월요일에는 스스로 요강에 용변을 볼 수 있었으나, 화요일 밤에는 스스로 소변도 가릴 수 없을 지경이 되었다. 로제타는 연이어 이틀 동안 윌리엄의 병상을 지켰다. 그러다가 수요일 아침이 되자 지쳐 버렸다.

"제가 홀 박사 병상을 지킬 테니 좀 쉬십시오."

노블 목사가 말했다.

"로제타, 당신은 좀 쉬어야 해요. 목사님, 제 아내 침대 주위에 병풍을 좀 쳐 주세요."

노블 목사가 로제타의 침대에 병풍을 치고 난 뒤, 윌리엄이 힘겹게 말했다.

"목사님, 저에게 연필과 종이를 가져다주세요."

윌리엄은 힘겹게 선교부의 재무담당인 아펜젤러 목사에게 보고할 회계 문서를 작성하였다.

"이전 지출 내역은 제 책 속에 기록되어 있답니다. 나는 이제 죽든지 살든지 준비가 다 되었습니다."

"우리는 당신과 오래 살 것입니다. 박사님."

"그분의 뜻이라면 조금 더 오래 주님을 위해 일하고 싶지만, 그렇지 않다면 저는 어린 양의 피로 씻긴 천국 문을 거침없이 지나갈 것입니다."

윌리엄과 노블 목사가 주고받는 대화를 들으며 로제타는 잠을 청하려 눈을 감았다. 잠은 오지 않았고 갑자기 한강 둑 주변에 있는 작은 무덤 하나가 떠올랐다. 사랑하는 남편을 그곳에 묻어야 할지도 모르겠다는 생각에 이르렀고, 로제타의 가슴은 슬픔으로 찢어지는 듯했다. 남편에게 들릴까 봐 울지 않으려 안간힘을 썼으나 베개는 눈물로 젖었고, 그때까지 한 번도 해보지 못했던 기도, 사랑하는 남편을 데려가지 말라고 하나님께 애원하는 기도를 하고야 말았다.

목요일부터 윌리엄은 발음도 제대로 나오지 않을 정도로 상태가 나빠졌다. 의사들은 그의 몸에 발진이 생기는 것을 보고 발진티푸스라는 결론을 내렸다.

윌리엄은 로제타를 얼마나 사랑하는지, 그리고 그 사랑이 영원할 거라는 말을 해 주려고 애를 썼다. 그는 애절한 눈빛으로 힘겹게 손짓을 섞어 배 속의 아이는 어떠냐고 물었다. 셔우드 때도 그랬지만, 로제타는 배가 불러와 누구나 다 알아챌 수 있을 때까지는 다른 사람들에게 임신 사실을 알리지 않았다. 하지만 이미 더 이상 숨길 수 없을 만큼 배가 불러 있었다.

"아기는 아주 건강한 것 같아요. 셔우드보다 훨씬 활발하게 움직

여요."
　윌리엄은 슬픈 얼굴로 미소를 지으며 무언가를 발음하려 애썼다.
　"시 시어 우…."
　"샤워요?"
　"에스 에이치 이 아르 더불유…."
　"아! 셔우드요?"
　윌리엄이 고개를 끄덕였다. 로제타는 보모에게 아기를 데려오라고 일렀다. 윌리엄의 병이 전염병이라는 것을 안 뒤부터는 셔우드를 방에 들이지 않고 있었다. 윌리엄은 아기를 가까이 오라 하지는 않았다. 그도 자신이 전염병에 걸렸다는 것은 아는 듯했다. 아빠는 한참 동안 아들을 너무나도 슬픈 눈빛으로 바라보았다. 그러고는 데리고 나가라는 손짓을 했다. 로제타는 그 눈빛 가득 담겨 있는 슬픔과 안타까움으로 온몸이 녹아내릴 것만 같았다.
　로제타는 자신과 셔우드의 침대를 식당 방으로 옮겼다. 윌리엄과 로제타는 결혼 이후 한 번도 제대로 두 사람만의 보금자리를 가져본 적이 없었다. 신혼여행에서 돌아오자마자 윌리엄은 평양으로 갔고, 그 뒤 곧바로 노블 목사 부부가 온 뒤로는 함께 살았다. 두 사람이 평양에 다녀온 뒤에도 노블 목사 집에서 하숙하였다. 그러다가 노블 가족이 일본에 간 뒤에야 단 몇 주 동안 두 사람만이 오붓하게 살 수 있었다. 그렇게 사는 것이 너무 좋아서 이제 자신들만의 집을 가지려 윌리엄이 평양에 가 있는 동안 로제타는 열심히 집을 고쳐서 자신들만의 공간을 만들었다. 로제타는 남편이 집으로 돌아왔을 때 깜짝 놀라며 기뻐할 거라고 설레는 마음으로 그를 학수고대 기다리고 있던 터였다. 그런데 집이 어떻게 바뀌었는지 알아차리지도 못한 채, 그는 떠나가려 하고 있었다.
　윌리엄의 증세는 점점 심해졌다. 마비가 와서 글씨도 쓸 수 없게 되었고, 점점 발음하기도 힘에 겨워했다.

"당신을…. 사랑… 해요."

애절한 눈빛으로 윌리엄은 떠듬떠듬 겨우 그렇게 말했다. 인두 근육에도 마비가 와서 음식물을 삼킬 수도 없게 되었다. 그는 말을 할 수 없다는 것을 가장 힘들어하는 것으로 보였다. 로제타에게 평양 방문에 관해 이야기하려 안간힘을 쓰고 있었다.

"내가 평양에 갔던 것은 예수님을 위해 한 일이었소. 주님은 내게 상을 주실 것이오."

이 말은 로제타가 간신히 알아들을 수 있었던 윌리엄의 마지막 말이었다. 11월 24일 토요일 아침 7시 무렵, 의사들이 잠시 쉬고 있던 로제타에게 방으로 들어오라고 했다. 모두들 윌리엄이 마지막 순간을 맞이하고 있다고 생각했다. 로제타는 그에게 다가가 손을 잡았다. 그를 부르자 그는 대답 대신 손에 힘을 주었다. 오후가 되자 그가 눈을 뜨고 로제타의 눈을 똑바로 바라보았다. 그는 힘겹게 숨을 몰아쉬었고 심장 박동은 점점 약해졌다. 윌리엄의 눈은 아주 맑아 보였다.

해 질 무렵, 그는 떠나갔다. 윌리엄의 두 손은 로제타의 두 손을 잡고 있었고, 차마 감지 못한 그의 눈은 로제타를 바라보고 있었다. 로제타는 그의 두 눈을 감겼다. 곧 로제타는 다시는 그의 눈을 바라볼 수 없다는 것을 깨달았다. 그래서 다시 그의 눈을 뜨게 했다. 로제타는 마지막으로 오랫동안 사랑하는 이의 눈을 바라보았다. 그의 눈은 여전히 맑아서 아직도 영혼이 떠나가지 못하고 있는 것처럼 느껴졌다. 마침내 로제타는 그의 눈을 감겨 주면서 작별을 고했다. 그리고 천천히 그 방을 나왔다.

"하나님, 제가 이 어린 것을 위해 더 용감해지고 강해질 수 있게 도와주세요. 제 배 속에 있는 또 다른 생명을 위해서도 기도합니다."

로제타는 셔우드를 안고 간절한 기도를 올렸다. 기도를 마쳤을 때 태중에 있던 아기가 세차게 움직였다. 하나님께서 자신의 기도에 응답해주시는 듯했다.

"살아 있을 때나 죽을 때나 당신을 사랑합니다. 내게 숨 쉴 수 있도록 허락하실 때까지 당신을 찬양합니다."

로제타는 '내 주 되신 주를 참 사랑하고'라는 찬송을 큰 소리로 불렀다. 정신을 가다듬고 남편의 입관을 준비해야만 했다. 결혼식 때 그가 입었던 양복과 속옷, 목회자용 컬러, 커프스, 넥타이 등을 챙겨 입혔다. 로제타는 어찌어찌 그 시간을 넘겼고 너무나도 지쳐 쓰러져 잠시 잠이 들었다. 그리고 한 시간쯤 후, 한밤중에 로제타는 잠에서 깨어났다. 갑자기 걷잡을 수 없는 슬픔과 외로움이 복받쳐 올라왔다. 로제타는 처음으로 통곡하고 말았다.

"대인께서는 천국에 가셨습니다. 그분은 지금 예수님과 함께 계십니다. 너무 슬퍼하지 마세요."

아기를 돌보던 금영이가 로제타의 울음소리를 듣고 달려와 위로해 주었다. 윌리엄은 그동안 세상을 떠나는 선교사 가족들의 관을 짜 주었다. 그는 예수님처럼 소년 시절에 목수였던 적이 있었다. 그런데 정작 자신을 위해서는 관을 짜 줄 사람이 없었다. 어느 중국인이 장지로 떠나기 직전에 관을 완성해 주었다. 전염병으로 인한 사망이어서 매장을 서둘렀다.

로제타는 셔우드를 안고 네 사람이 드는 가마에 올랐다. 소풍으로 시골길을 가는 것으로 아는지 셔우드는 마냥 즐거워했다. 아들의 행복한 얼굴을 보는 엄마의 가슴은 무너지는 듯했다. 한강 가에 닿기 전에 잠이 든 셔우드는 아빠의 관 위에 "쿵"하고 흙이 떨어지는 그 차디찬 소리를 듣지 못했다. 로제타는 그나마 그것이 참으로 다행이라 생각했다.

15. 슬픈 귀향

사랑하는 형제여, 당신이 가는군요.
눈물로 씨를 뿌려야 하는 곳으로.
해가 가고 또 해가 가도록
노고의 열매를 기다려야 할 수도,
불타는 태양과 찬 서리,
그들의 변화 속에서 피땀 흘려 땅을 갈지라도,
한 알의 씨앗도 잊히지 않으며,
한 줄기 이파리도 시들지 않으리.

 1894년 11월 27일, 배재학당 예배당에서 열린 윌리엄의 추도식에서 울린 찬송가의 구절이었다. 시인이자, 찬송가 작곡가인 패니 크로스비가 조선으로 떠나는 윌리엄을 위해 지어준 환송곡이었다. 그녀는 윌리엄과 함께 뉴욕시의 감리교회 주일학교에서 봉사했던 지인이었다. 생후 6주에 병으로 시력을 잃은 맹인이었던 그녀는 누구보다도 아름다운 시와 음악으로 하나님의 사랑과 영광을 노래했다. 가사는 예언처럼 윌리엄의 일생을 읊고 있었다.
 1984년 12월 7일, 아침 9시에 로제타와 셔우드는 제물포행 가마에 올랐다. 고향의 부모, 형제에게로 돌아가는 여정의 시작이었다. 로제타는 원래 계약했던 5년 동안의 사역을 거의 채웠고, 출산을 앞두고 있었던 데다가 계속 일할 만한 심신 상태가 아니었다.

로제타는 가는 길에 에스더 부부를 데려가기로 했다. 오래전부터 생각해 왔던 에스더에 대한 계획을 실행하기 위해서였다. 에스더를 리버티의 공립학교에 보냈다가 공부를 잘 해내면 의대에 보내서 의료 선교사로 다시 조선의 자매들에게 돌아오도록 하겠다는 것이 로제타의 계획이었다.

로제타는 자신도 2년 후에는 돌아오겠다는 다짐을 했다. 제물포의 존스 목사 집에서 하룻밤을 묵고 바로 일본행 배에 오를 예정이었다. 다음 날 아침, 셔우드의 옷을 갈아 입히던 로제타는 가슴이 덜컥 내려앉았다. 셔우드의 몸에 열이 있었다.

'아빠에게서 발진티푸스가 전염된 것이 아닐까?'

가슴이 조마조마한 시간을 뒤로하고 다행히도 셔우드의 열은 해열제로 잡혔다. 그리고 며칠 후에 홍역이 원인으로 밝혀졌다.

12월 14일 아침, 로제타 일행은 나가사키로 가는 보인튼^{Boynton}호에 승선했다. 이후 50여 시간은 로제타에게 무시무시한 악몽 같았다. 폭풍으로 인한 거센 파도는 임신 중에다 지칠 대로 지친 로제타의 심신을 세차게 공격했다. 배 위에서 내내 극심한 뱃멀미로 아무것도 먹지 못했고 겨우 물만 몇 모금 넘겼을 뿐이었다. 로제타는 더 이상 올라올 것이 없을 정도로 토하고 또 토했다. 엄마가 토할 때마다 셔우드는 덮고 있던 담요의 모서리를 끌어당겨 엄마의 입술을 닦아주려 애를 썼다. 로제타는 울 수도 없었다. 셔우드가 보면 따라 울 것이었기 때문이었다.

로제타는 비몽사몽 간에 꿈을 꾸었다. 꿈속에서 나가사키에 도착했는데 태평양을 건너게 해 줄 차이나호가 아직 떠나지 않고 정박해 있었고, 그날 오후 4시에 출항할 계획이라 했다. 예정대로라면 이미 떠나버렸을 차이나호가 항구에 있으리라고 생각되지 않았다. 그런데 도착하고 보니 기적적으로 배는 항구에 정박해 있었다. 로제타에게 극심한 뱃멀미를 가져다주었던 폭풍이 배가 떠나지 못하도록 막고 있었다.

로제타는 여성해외선교회의 나가사키지부에 연락을 했고, 그곳에서 봉사하는 선교사들이 차이나호로 로제타를 찾아왔다. 일행 중에 너무나도 반가운 얼굴이 있었다. 바로 로제타의 충실한 첫 조수 중의 하나였던 오와가였다.

"어머나! 박사님, 이렇게 다시 만날 수 있다니 꿈만 같아요."

오와가가 서울을 떠날 때 로제타는 결혼하기 전이였다. 에스더의 반가움은 말로 표현할 수 없을 지경이었다. 세 사람의 해후는 잠깐 슬픔을 잊게 해 주었다.

1894년 12월 30일에 로제타 일행은 하와이의 호놀룰루에 도착했다. 그곳에서 사역하는 데이먼 목사의 집으로 가는 길에 에스더 부부와 셔우드는 처음으로 마차를 타 보았다. 언제나 여름인 하와이의 아름다운 풍광이 여행객들의 피로와 한숨을 일순간이나마 날려 주었다.

1895년이 밝았다. 새해 첫날 아침 호놀룰루를 출항한 배는 6일에 샌프란시스코에 닿았다. 그곳에서 셔우드는 처음으로 다른 가족을 만날 수 있었다. 로제타의 외삼촌 로버트 길더슬리브Robert Gildersleeve였다.

그다음 날 아침, 일행은 대륙을 횡단하는 기차에 올랐다.

"셔우드는 흑인을 좋아하는 엄마의 성향을 물려받았구나. 집에 가면 조 아저씨가 있단다."

로제타가 웃으며 말했다. 로제타는 아주 아기였을 때부터 조 아저씨와 특별히 가까운 사이였다. 차이나호 안에서도 셔우드는 흑인 승무원을 볼 때마다 자꾸 그에게로 가겠다고 울었다. 그가 가끔 셔우드를 안고 엔진을 구경시켜 주곤 했었다. 그런데 기차 안에서 셔우드는 또 다른 흑인 승무원 친구를 사귀었다.

1895년 1월 14일, 드디어 기나긴 여행을 마치고 로제타는 어머니의 품에 안길 수 있었다. 스물다섯 처녀의 몸으로 떠나보냈던 딸이 4년 반 만에 과부가 되어 돌아온 것이었다. 그것도 아직 걸음마도 떼지 못하는 아들을 안은 만삭의 몸으로.

셔우드는 엄마가 태어나 자란 집에 도착하자 이제 굳건히 서 있을 땅에 마침내 도착했다는 것을 아는 듯 걷는 연습을 시작했다. 조는 셔우드에게 새 신발을 사다 주었다.

나흘 후, 로제타는 남편 대신 하나님께서 보내주신 "위로자"를 품에 안고 뜨거운 눈물을 흘렸다. 이디스 마가렛 홀! 이 이름은 남편과 함께 태어날 아기를 위해 지어 둔 이름이었다. 이디스는 두 사람이 가장 좋아했던 여자 이름이었고, 마가렛은 윌리엄의 어머니 이름이었다.

"가엾은 아기. 아빠 얼굴을 한 번도 보지 못하는구나. 우주에서 파괴할 수 없는 단 하나의 요소가 사랑이란다. 우리 딸은 아빠의 귀한 사랑을 받고 있음을 알고 있지?"

로제타는 눈물을 머금고 아기에게 속삭였다.

두려워하지 마라. 내가 너를 보살펴 준다. 내가 해 뜨는 곳에서
너의 종족을 데려오고, 해 지는 곳에서도 너를 모아오리라.

윌리엄이 가장 좋아했던 성경 구절, 이사야 43장 5절이었다.

'극동에서 태어난 우리 셔우드, 그리고 그곳에서 1만 6천 킬로 떨어진 고향으로 돌아와 태어난 이디스! 참으로 오묘하구나.'

로제타는 두 아이를 위해서 아빠 몫까지 두 배로 씩씩해야 했다.

1895년 2월 25일부터 로제타는 에스더를 리버티공립학교에 편입시켰고, 자신은 병원에서 일자리를 찾았다. 그리고 캐나다와 미국 전역, 조선에 흩어져 있는 윌리엄의 지인들에게 편지를 쓰기 시작했다. 윌리엄의 1주기가 돌아오기 전에 그를 기념하는 책을 출판하려는 목적이었다. 또 하나, 평양에 남편을 기념하는 병원을 세우기로 했다.

그렇게 바삐 지내던 와중이었다. 6월 27일, 로제타의 세 번째 결혼기념은 특별히 슬픈 기념일이 되었다. 하필이면 그날, 사랑하는 친정아버지 로즈벨트 셔우드 Rosevelt R. Sherwood를 떠나보내야 했다.

"로제타, 어젯밤 꿈에 풀 베는 기계를 가지고 하루 종일 땀 흘려 일하는 꿈을 꾸었더니 몹시 피곤한 느낌이구나."

로제타의 아버지 로즈벨트와 아들 셔우드

아버지가 세상을 떠나는 날 아침에 한 말이었다. 로즈벨트는 평생 신실한 신앙인으로서 땅을 갈고 씨를 뿌리고 거두는 일을 되풀이하며 살았다. 신앙적 양심에 따라 노예제 반대운동과 음주절제운동 등 사회운동에도 적극적으로 참여했다. 의사, 변호사, 목사가 된 세 아들과 교사였던 로제타의 언니, 의사 선교사가 된 로제타 등 자녀들은 모두 언행일치의 표본이었던 아버지를 존경하며 자라났다.

로제타를 한 번만 보고 죽는 것이 소원이라는 아버지였다. 참으로 다행스럽게도 아버지는 소원을 이룬 뒤 지극히 평화로운 임종을 맞았다. 자신의 89세 생일에 태어난 손자 셔우드를 안고 사진을 찍으며 그렇게 기뻐했던 날이 불과 한 달 전이었다. 로제타는 반년 만에 인생에서 가장 소중한 사람 둘을 떠나보냈다.

아버지의 장례식을 치른 후, 로제타는 그동안 미뤄 두었던 숙제를 해야 했다. 캐나다의 시댁을 방문해서 윌리엄의 가족들을 만나는 일이었다. 그가 없이 그가 그토록 사랑했던 곳을 방문해서 그의 사랑하는 가족들을 만나는 것이 고통스러울 것이었다.

'당신이 영적으로 우리 곁에 함께 한다는 것을 믿어요. 주님, 저희에게 은총을 베풀어 주소서.'

로제타는 짐을 싸며 그렇게 중얼거렸다.

1895년 7월 24일, 새벽 6시에 아이들 둘, 에스더 부부를 데리고 로제타는 뉴욕주 노스빌에서 목사로 일하는 둘째 오빠 프랭크의 집을 출발했다. 이들이 캐나다 온타리오주 글렌브엘에 있는 시부모의 농장에 도착했을 때는 밤 11시경이었다. 고향 집에서 출발한 것은 2주 전이었다. 그 사이 뉴욕시에 들러 지인들을 만나고 일주일 동안은 오빠 집에서 머물렀다.

남편 없이 그의 가족과 친구들의 환영을 받는 것은 로제타에게 기쁨이자 슬픔이고 고통이었다. 그들의 환대에서 윌리엄이 그들로부터 얼마나 많은 사랑을 받았는지 알 수 있었다. 첫 2주 동안 외진 곳에 따로 떨어져 있던 윌리엄 부모님의 농장을 방문한 이들은 100여 명이 넘을 정도였다.

남편의 부모님 집에 머물며 로제타는 언젠가 아이들에게 줄 선물로 남편의 가족사를 정리했다. 셔우드를 위한 육아일기에는 홀 가

문의 4대조까지를, 이디스를 위한 육아일기에는 친할머니인 볼트가의 4대조까지 역사를 기록했다. 가족의 역사는 아이들을 키워 가며 아버지가 틈틈이 들려주어야 할 이야기였다. 이야기를 들려줄 아버지가 없으니 언젠가 아이들이 스스로 읽어서 알아가야 하리라.

윌리엄이 다니던 글렌브엘교회에서는 윌리엄의 숭고한 인생과 희생을 기념하는 대리석 판을 벽에 새겨 넣었다. 로제타 일행을 환영하는 예배에서 박유산이 한국어 성경을 봉독했고, 에스더가 한국어로 찬송가를 불렀다. 로제타는 평양에서 겪었던 박해를 간증했다. 셔우드도 한몫을 했다. 색동 한복을 입혀 제단 위에 올려놓았더니 시키지도 않았는데 스스로 천천히 돌며 모여 있던 사람들에게 자신을 선보이는 것이었다.

청중들은 에스더의 개종과 의사가 되어 자신의 동포들에게 하나님의 사랑을 전하고 싶다는 포부와 계획에 큰 감동을 받았다. 그들은 자발적으로 에스더의 학비에 보태라며 모금을 해 주었다. 로제타는 에스더가 자신이 졸업한 펜실베니아 여자의과대학의 후배가 되길 간절히 바랐다. 에스더는 로제타의 조선에서의 첫 선교 활동의 씨앗이었고 이파리였다.

로제타 홀이 캐나다의 시댁을 방문하는 길에 박에스더 부부와 함께 찍은 사진(1895. 9. 27)

16. 이디스를 가슴에 묻다

"해피 데이, 해피 데이…."

이디스가 인형을 안고 흔들의자에 앉아 앞뒤로 몸을 흔들며 노래하고 있었다.

'저 아이는 어쩜 저리 아빠를 닮았을까?'

로제타는 미소를 머금고 이디스를 지긋이 바라보았다. 자연스럽게 한 사람의 얼굴이 떠올랐다. 매일매일이 최고의 날인 듯 기쁨 충만으로 하루하루를 살아갔던 사람. 또다시 가슴 한쪽이 아려왔다. 로제타는 고개를 흔들며 생각을 털어냈다.

'하나님께서는 그를 데려가는 대신에 참다운 위로자를 보내주셨지. 하나님! 이디스가 현명하고 쓰임 받는 여성으로 자라나 하나님께서 주시고 지켜주신 생명을 주님의 영광을 위해 사용할 수 있도록 해 주세요.'

로제타는 며칠 전에 있었던 일을 생각하며 또다시 가슴을 쓸어내렸다. 2주 전, 국제의료선교사협회의 뉴욕지부 회의에 참석차 자신이 뉴욕시에 가 있는 동안에 일어난 일이었다. 할머니는 집안에 누워 있었고 애니 이모는 닭 모이를 주러 간 사이에 이디스가 혼자서 밖으로 걸어 나갔다. 애니가 발견했을 때 이디스는 우유 저

장소 안의 물통에 빠져 허우적거리고 있었다. 호기심으로 통 안을 들여다보다 거꾸로 빠졌음이 분명한데 천만다행으로 아기는 두 발로 똑바로 서서 빠져나오려고 안간힘을 쓰며 울고 있었다. 로제타는 이디스의 생명을 지켜주신 하나님께 두고두고 깊은 감사를 드렸다.

1897년 11월 10일 오전 9시, 로제타와 두 아이는 제물포에 도착했다. 그날은 셔우드의 네 번째 생일이었다. 셔우드가 자신의 생일에 태어난 고향에 도착한 것이 기막힌 우연의 일치로 여겨졌다.
"셔우드, 생일 축하한다."
로제타가 셔우드의 볼에 네 번의 키스를 해 주며 말했다. 그런데 그곳에 아이들을 반겨줄 아빠는 없었다. 바로 곁에서 존스 목사가 몇 개월 만에 만난 아내와 딸을 만나 기쁨에 겨워하고 있었다. 1890년, 로제타가 조선으로 처음 파견될 때 동행했던 마가렛 벵겔 존스가 미국에서 휴가를 마치고 이번에도 세인트 폴에서부터 함께 온 것이었다. 배 위까지 마중 나온 존스 목사가 아내와 딸을 만나 기뻐하는 모습을 보며 로제타는 자신의 아이들을 맞이해 줄 아빠가 없다는 사실에 또다시 가슴이 아파 왔다. 여행의 다른 동반자였던 릴리언 해리스$^{Lillian\ Harris}$ 박사도 평양에서 온 친여동생을 만나 해후의 기쁨을 누리고 있었다. 로제타가 주도하여 설립한 윌리엄 홀을 기념하는 평양의 기홀병원에서 일하는 포웰$^{Douglas\ Follwell}$ 박사가 해리스 박사의 제부였다.

로제타가 남편을 떠나보내고 고향으로 돌아갈 때는 2년 후에 돌아오겠다고 다짐했었다. 하지만 돌아오는 데 1년이 지체된 것은 그만큼 로제타의 마음이 복잡했기 때문이었다. 고향에서 아이들을 키우다 보니 아빠 없는 아이들을 데리고 다시 조선으로 돌아가는 것이 망설여질 수밖에 없었다. 로제타가 조선에 있는 동안에 선교사들이 전염병으로 아이들을 잃는 경우를 여럿 보았기 때문이었다.

'하나님의 뜻이 아니라면 조선으로 가는 길을 막아주시고 이곳에서 할 일을 열어주세요.'

지난 1년 동안 로제타의 기도였다. 그런데 하나님께서는 조선으로 돌아가는 길을 활짝 열어주셨고 미국에서 일을 막으셨다. 로제타는 결국 돌아가는 것을 순리로 받아들였다.

"너희들을 보내는 것이 나에게는 지난번보다 더 힘들고, 가는 것이 옳지 않아 보여."

짐을 싸는 로제타에게 조가 말했다.

"아니다. 나는 괜찮다. 나에게는 지난번보다 너희들을 보내기가 더 쉽구나. 네가 그곳에서 무슨 일을 해야 할지를 분명하게 알고 있을 뿐 아니라 아기들의 위로를 받을 수 있을 테니까. 게다가 지난번에 갔다가 무사히 돌아온 경험이 있으니까 다시 만날 수 있다는 희망 속에서 살아갈 수 있을 거야."

이번에도 처음처럼 가는 길을 막지 않았던 어머니의 말이었다. 딸에게 어머니는 항상 삶의 모델이자 지표였다. 누구보다도 사랑하는 딸과 손자 손녀와 헤어지는 것을 가슴 아파했을 어머니는 끝내 자신의 서운함을 드러내지 않았다. 하지만 아이들의 건강을 걱정하는 어머니의 마음을 딸은 느낄 수 있었다.

걱정은 걱정에 그치지 않았다. 제물포까지 오는 동안에 이디스는 뱃멀미, 이질, 그리고 배가 서해를 지날 때부터 시작된 폐렴 증상까지 가세해서 2주 내내 로제타의 간을 조마조마하게 했다. 다행히도 이디스는 건강을 회복했지만, 더 이상 미국에서 살 때의 더할 수 없이 건강했던 아이가 아니었다.

2월의 어느 날에는 보모를 따라 외출했던 두 아이가 홍역 증상으로 앓기 시작했다. 이디스의 경우는 전형적인 홍역으로 2주 후에 회복되었다. 하지만 셔우드는 엄청난 고열에 시달리는 바람에 로제타는 아들을 잃을지도 모른다는 두려움에 떨어야만 했다. 서울의 선교사 가족들 모두 하나가 되어 간절히 기도했다. 참으로 다행스럽게도 셔우드는 병을 떨치고 일어났다.

'참으로 긍휼하시고 좋으신 분, 정말 좋으신 하나님이시다.'

로제타는 기쁨에 떨며 하나님께 감사했다. 로제타는 하루빨리 평양으로 가서 자리 잡길 원했다. 어린아이 둘을 데리고 서울의 독신 여선교사들의 집에 얹혀사는 것도 눈치가 보여 영 편치 않았다. 아이들을 키워 본 적이 없는 독신 여성들은 로제타가 아이들을 너무 버릇없이 키운다고 생각했다. 로제타의 바람과는 달리 평양으로 가는 데는 선교회 차원의 준비가 필요해서 날이 가고 달도 갔다.

1898년 4월 29일, 드디어 고대하던 평양행이 실현되었다. 배를 타고 한강을 타고 내려와 제물포에서 다시 배를 갈아탔다. 며칠 후, 5월 1일에 그들은 평양 땅에 다시 발을 디딜 수 있었다. 남편과 함께 한껏 가슴이 부풀어 첫발을 내디뎠던 평양에 만 4년 만에 돌아온 것이었다.

양손에 어린 두 아이의 손을 잡고 찾은 평양은 남편이 처음으로 선교 사업을 개척했던 현장이었다. 그곳에는 남편이 뿌린 씨앗들이 자라고 있었다. 그가 뿌린 씨앗의 열매를 거두고 다시 그 씨를 뿌리고 가꾸어야 할 터였다. 로제타 가족이 살 집이 준비되기 전까지 노블 목사 집에 머물기로 했다. 노블 목사 부부와는 인연이 깊었다. 그들이 미국에서 갓 파견되어 왔을 때, 로제타가 맞이하여 한 집에서 살았던 적이 있었고, 큰딸 루스도 로제타가 받아준 아이였다.

평양에 도착한 이튿날, 세 사람은 앞으로 살 새집을 방문했다. 이디스는 마당에서 흰 민들레꽃을 따며 토끼처럼 깡충깡충 뛰어다녔다. 하지만 이 기쁨이 오래오래 지속되었으면 얼마나 좋았을까.

세 사람 모두 이질에 걸려 앓기 시작했다. 비위생적인 환경에서 주로 물을 통하여 감염되는 이질은 당시 흔한 질병이었지만 목숨을 앗아가는 위험한 전염병이기도 했다. 로제타와 셔우드는 4년 전에 평양에서 이질을 앓았던 적이 있어서였던지 곧 회복되었다. 그러나 평양에 도착한 첫날부터 가벼운 증상을 보이기 시작했던 이디스는 닷새째부터는 심하게 앓기 시작했다. 계속되는 구토와 설사, 심한 복통을 호소하며 아이는 점점 기력을 잃어갔다.

이디스는 5월 9일부터 잦은 혈변과 극심한 복통으로 잠을 이루지 못했고 조금이라도 음식물을 넘기면 모두 토해내는 고통스러운 날들이 이어졌다. 로제타는 아이 곁에서 시시각각 상태를 기록하며 의사로서 엄마로서 점점 피가 말라갔다. 5월 14일에는 14번의 구토와 21번 배변을 보았고, 그다음 날에는 극심한 복통을 호소하며 30번의 배변을 보고, 7번이나 구토를 했다. 로제타는 아이를 잃을 수도 있다는 생각이 들 때마다 고개를 저으며 부정했다. 이디스는 남편 대신 하나님께서 그녀에게 보내주신 위로자였기에 데려가지 않으실 거라고 자신을 스스로 다독이곤 했다.

5월 23일이었다.

"엄마, 안아서 흔들어 주세요."

앓기 시작한 후로 처음으로 하는 부탁이었다. 심장이 너무 약해진 아이를 안는 것도 두려웠다. 조금만 자세를 바꾸어도 토할 것이었고, 아이가 더 힘들어 할 것이었다. 이디스는 거칠게 숨을 내쉬었다.

"이제 됐어."

신음을 내면서 이디스가 힘겹게 뱉어낸 말이었다. 마치 너무 힘

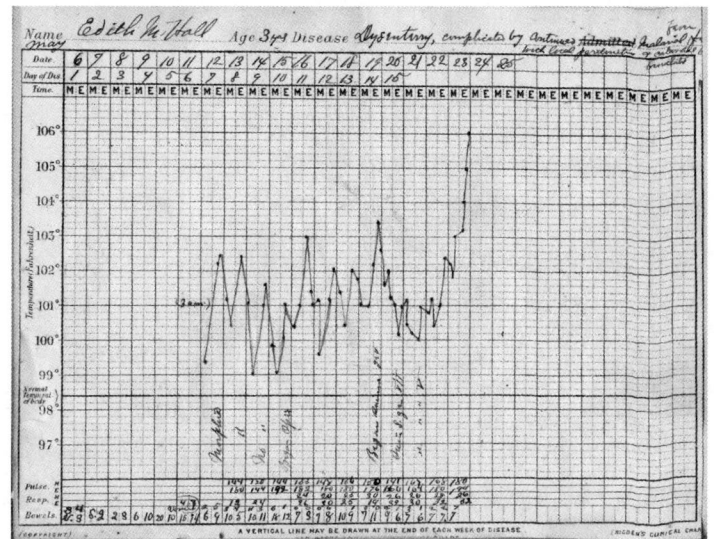

로제타 홀이 작성한 이디스의 체온 기록

들어서 그만 떠나고 싶다는 말처럼 들렸다. 로제타는 아이의 바람대로 바스러질 것 같은 아이의 몸을 조심스럽게 들어 올려 안았다. 그리고 평소에 낮잠을 재울 때처럼 가만가만 흔들어 주었다. 숨소리가 점점 가라앉았지만, 아이의 얼굴은 만족스러운 듯 보였다. 얼굴이 평온해지면서 숨소리가 점점 멀어져 갔다. 이디스는 두 눈을 크게 뜨고 엄마의 눈을 바라보면서 영혼을 주신 분에게로 되돌아갔다. 저녁 8시 40분이었다.

평양에 도착하여 짐도 풀기 전에 하나님께서 남편 대신 보내주셨다고 굳게 믿었던 위로자가 그렇게 허망하게 떠나갔다.

"아빠가 이디스를 너무나도 원했나 봐요."

이디스가 하늘나라로 갔다는 말을 듣고 셔우드가 한 말이었다. 로제타는 마지막으로 이디스를 하얀 드레스로 갈아 입힌 다음에 셔우드를 이디스에게로 데려갔다. 셔우드는 토끼풀꽃을 한 줌 따다 이디스의 손에 쥐여주었다.

로제타는 이디스가 살아서 한 번도 보지 못했던 아빠 곁에 묻히기를 원했다. 그레함 리 목사가 주석으로 만든 이디스의 관에 납땜해서 공기가 들어가지 않도록 해 주었다. 서울까지 관을 옮기는 일은 부모의 신실한 친구 김창식이 맡았다.

5월 26일, 로제타는 이디스의 관을 떠나보냈다. 이디스의 몸은 아빠가 그렇게 자주 오갔던 평양에서 서울까지의 길을 따라 엄마에게서 멀어져 아빠 곁으로 갔다. 가족의 절반은 이생에 또 절반은 하늘에 있었다. 평양사역에 남편을 바쳤고, 그 엄청난 상실을 메워주었던 참된 위로자 또한 그곳에 도착하자마자 짐도 풀기 전에 자신의 곁을 떠나고 말았다. 하나님께서 설마 자신에게서 이디스를 데려가시지는 않을 거라 굳게 믿었던 로제타였다.

> 눈으로 본 적이 없고 귀로 들은 적이 없으며 아무도 상상조차 하지 못한 일을 하느님께서는 당신을 사랑하는 사람들을 위하여 마련해 주셨다. 고전 2:9

로제타는 이 말씀을 의지하려 안간힘을 썼다. 이디스가 떠난 것에 자신이 이해할 수 없는 현명한 이유가 있을 거라며 자신을 설득하려 애썼다. 그러면서 슬픔에 빠질 시간을 만들지 않기 위해 잠시도 쉬지 않고 자신을 채찍질하며 일에 몰두했다.

17. 슬픔의 골짜기에서

  1898년 6월 18일, 북쪽 지방의 첫 여성전용 병원이 문을 열었다. 로제타가 처음 평양에 왔을 때 비해서는 아주 매끄럽게 병원을 시작할 수 있었다. 병원 문을 열기 전 평안도 관찰사의 아내가 병이 났다며 왕진을 요청했다. 로제타는 그의 아내를 치료해 주었고, 관찰사는 병고에서 아내를 구해준 로제타에게 감사하며 광혜여원이라는 병원 이름을 지어주었다. 로제타가 오기 1년 반 전에 그녀의 모금으로 문을 열었던 윌리엄 홀을 기념하는 기홀병원과 광혜여원은 장로교 병원과 연합하여 1923년에 평양연합기독병원이라는 종합병원이 되었다. 그 병원은 김일성종합대학 부속병원이 되었다가 오늘날에는 평양의학대학병원으로 발전했다.
  로제타에게 하나님께서 이디스를 데려간 현명한 이유는 로제타가 이해할 수 없는 것은 아니었다. 자신과 같은 불행한 엄마들이 생겨나는 것을 막기 위해 로제타는 광혜여원 곁에 어린이 병동을 세우기로 결정했기 때문이었다.
  '이디스는 특별히 아픈 아이들에게 관심이 아주 많았지.'
  로제타는 매일 밤, 잠자리에 들기 전 낮에 진료소를 찾아온 아픈 아이들을 위한 기도를 잊지 않던 이디스를 생각했다. 병원에서 엄마가 종기를 째거나 이를 뽑는 것을 보게 되면 셔우드는 달아났지만, 이디스는 엄마 곁에서 꿋꿋하게 지켜보며 관찰하곤 했다. 한번은 의자를 딛고 올라와 엄마의 얼굴에 튄 피를 닦아주려 애쓴 적도 있었다. 그런 이디스를 보며 로제타는 딸이 나중에 의사가 될 거라고 확신하고 있었다.

이디스는 조에게서 선물로 받은 작은 돈지갑을 가지고 있었다. 이디스가 세상을 떠난 후에 보니 그 지갑에는 2불 12.5센트가 들어 있었다. 로제타는 그 돈에 25불을 보태서 어린이들을 위한 병동을 짓는 종잣돈으로 내놓았다.

1899년 1월 18일, 이디스의 네 번째 생일이었다. 로제타는 이디스와 동갑인 한국 어린이들을 초대해 생일파티를 열어주기로 했다. 그 전날 밤, 로제타는 생일파티에 온 아이들에게 어떤 이야기를 해 줄까 고민하고 있었다. 그런데 그날 밤, 고향의 사촌으로부터 너무나도 반가운 편지를 받았다.

"로제타, 우리 가족 전체가 크리스마스 선물을 주고받지 않는 대신에 그 비용인 150불을 이디스 기념 병동을 짓는 데 보내기로 했단다."

어린이 병동 설립 계획은 세웠지만 언제 실현될까 염려하고 있던 로제타는 자신의 약한 믿음을 질책했다. 그다음 날, 로제타는 기쁜 마음으로 파티에 온 아이들에게 어린이들을 위한 병원이 지어질 거라는 이야기를 해 주었다.

그해 여름부터 이디스 마가렛 기념 어린이 병동을 짓는 공사가 시작되었다. 이디스 마가렛 어린이 병동은 평양에 처음으로 등장한 서양식 건물이었다. 양철 지붕에다 나무판자를 이어 붙인 벽, 그리고 벽돌 굴뚝을 가진 2층 건물은 평양의 명물이 되었다. 입원한 아이들에게 오염되지 않은 물을 공급하기 위해서 평양에서 처음으로 시멘트 물탱크도 설치했다. 오염된 물이 이디스의 목숨을 앗아간 이질의 가장 큰 원인이었다.

이디스가 떠난 지 1년이 되었다. 로제타와 셔우드는 서울에 있는 윌리엄과 이디스의 무덤을 방문했다.
'이 두 무덤은 이승에 남은 우리의 삶에 얼마나 큰 타격을 주었는지 하나님은 아시고 기억하시리라.'
로제타는 두 사람의 무덤 앞에서 간절하게 기도했다. 자신의 인생에서 가장 소중한 이들의 죽음 앞에서조차 당신에 대한 사랑과 믿음에 흔들림이 없기를.
아무리 진료, 왕진, 선교를 겸한 찾아가는 선교 여행 등 한 시도 쉬지 않고 자신을 스스로 다그쳐도 피폐해진 로제타의 영혼은 회복되지 않았다. 시간이 지날수록 상실은 더욱 크게 다가왔고 슬픔은 더욱 깊어갔다.
이디스의 다섯 번째 생일에도 일곱 명의 소녀를 초대하여 생일 파티를 열었다. 이디스 병동 일부가 완성되어 그 공간에서 파티를 열었다. 로제타는 초대받은 소녀 중에 끼어 있던 맹인 소녀가 파티를 가장 즐거워하는 모습에서 작은 위안을 느끼기도 하였다.

> 모든 생명은 만인의 생명을 위한 것이다. 각 개인은 온 인류의
> 진보를 위해 살아야 한다.

로제타는 책에서 읽은 누군가의 말을 일기에 적어 넣었다. 이디스의 생명도 자신의 생명도 인류의 진보를 위해서 의미가 있을 수 있겠지만 그 아름다운 말이 자신의 삶 속으로 살아서 들어오지는 않았다.

이디스를 보낸 두 번째 5월이 다가왔다. 그동안 참고 참았던 슬픔과 피로가 봇물처럼 터져 버렸는지 로제타는 아무 일도 할 수 없는 지경에 이르고 말았다. 다른 소녀들을 볼 때마다 이디스가 지금쯤이면 어떠했을까로 연결되었다. 셔우드도 가끔 묻곤 했다.

"엄마, 얼마나 오래 기다려야 예수님이 다시 오시고 이디스가 살아나나요?"

더 이상 일을 지속할 수 없었던 로제타는 셔우드를 데리고 상하이로 휴가를 떠났다. 그곳에서 피치$^{Mary\ M.\ Fitch}$ 부인을 만났다. 그녀는 로제타가 보기에 하나님과 하나님의 계획에 완전히 조화된 삶을 사는 완벽한 신앙인으로 보였다. 그러자 자신이 더 한심하게만 느껴졌다.

"저는 아주 물질적인 사람이어서 하나님과 친밀한 관계를 맺을 수 없는 것 같아요. 하나님이 저에게서 가장 소중한 것을 빼앗아 간 것처럼 느껴져요. 하나님께서 저에게 가르치시려는 교훈을 깨달으려 애쓰려 해도 때때로 반항적인 감정이 일고, 분별했다고 생각했던 그분의 가르침조차도 시간이 지날수록 점점 더 흐릿해지는 것만 같아요."

로제타는 피치 부인에게 자신의 고민을 털어놓았다.

"당신이 남편과 아이를 잃고서 무거운 상실감에 시달리는 것은 너무도 당연하게 느껴져요. 제 생각에도 당신에게서 남편과 아이가 사라진 것이 어떻게 더 좋은 일이라고 생각할 수 있겠어요? 하지만 모든 것을 예수님께 맡기고 그분을 절대적으로 신뢰해야 해요."

피치 부인이 너무도 애처로운 눈길로 로제타에게 이야기했다.

"저도 그렇게 해 보려 노력하고 있어요. 하지만 저에게서 소중한 이들을 데려가지 않았다면 저는 더 그분을 신뢰했을 거라는 생각이 자꾸 들어요."

로제타는 자신이 기독교인으로서, 선교사로서 적절치 못한 생각을 하고 있다고 느꼈다. 동시에 자신은 상처를 치유하는 것을 거부하면서 살고 있었음도 깨달았다. 계속 스스로 다그치며 쉬지 않고 일만 하고 있었다. 로제타는 자신이 너무도 불쌍하고 어리석게 느껴졌다.

'하나님 저에게 긍휼을 베풀어 주소서. 성령께서 저를 가르치시고 이 영적 상태에서 건져내 주소서.'

그 무렵 로제타의 인생을 강타할 또 다른 엄청난 상실이 기다리고 있었다. 평양으로 돌아오니 어머니가 돌아가셨다는 소식이 기다리고 있었다. 자신이 낳은 아이들을 제외하고는 가장 사랑했던 아이라고 했던 이디스의 죽음이 어머니의 건강을 앗아간 듯했다. 어머니와 다시 모여 행복하게 함께 살 날을 고대하고 있던 로제타에게 견딜 수 없는 슬픔이었다.

"엄마, 엄마 울지 마세요. 엄마가 우니까 나도 울게 돼요."

아이 앞에서 이렇게 무너지긴 처음이었다. 두 사람은 서럽게 서럽게 한참을 함께 울었다. 셔우드도 할머니의 죽음이 두 사람에게 어떤 의미인지 아는 듯했다.

거듭되는 슬픔을 견디기 위한 몸부림은 결국 또 일이었다. 셔우드의 교육을 걱정하다가 다른 선교사 가정의 아이들과 함께 교육할 외국인학교를 세우기로 했다. 고등학교 교사자격증을 가진 로제타는 학교의 커리큘럼을 짜고 교사 초빙을 계획했다. 1900년 6월, 평양외국인학교가 문을 열었다.

상하이에서 돌아온 뒤 가장 공을 들인 일은 맹인 소녀들을 위한 교육이었다. 막 완성된 이디스 마가렛 병동의 한쪽에 맹인소녀들을 위한 교실을 마련하고 수업을 시작했다.

시각 장애인들을 대상으로 교육을 시도했던 것은 처음으로 평양을 방문했던 1894년이었다. 윌리엄이 개종시킨 초기 기독교인 오석형은 평양박해 때 김창식과 함께 끌려가 감옥에 갇혔던 이였다. 그는 봉래라는 시각 장애인 딸을 두고 있었다. 로제타는 봉래를 만나면서 점자를 가르치는 일을 시도해 보기로 했다. 그동안 조선에

점자를 읽고 있는 오봉래

서 시각 장애인을 마주칠 때마다 너무도 안타까운 마음이었다. 하지만 부족한 언어 실력에 자신의 의도를 설명할 수가 없어서 점자 교육을 시도해 볼 수가 없었다. 시각 장애가 있는 기독교인의 딸을 만난 것은 새로운 시도를 하기에 너무도 좋은 기회였다.

로제타는 장판에 바르는 기름 먹인 한지에 바늘로 구멍을 뚫어 초보적인 한글 점자를 만들어 그 아이에게 읽기를 가르치려 시도했다. 그 경험은 로제타에게 점자를 체계적으로 배워야겠다는 결심을 하게 했다. 그러나 당시에는 봉래에게 읽기를 본격적으로 가르쳐 보기도 전에 곧 평양을 떠나게 되었다.

뉴욕에서 로제타는 점자를 배웠고, 한글 점자를 개발했다. 평양으로 오기 전 서울에 머물며 로제타는 한국어 기초와 십계명 등을 점자 교재로 만들었다. 평양에서 로제타는 다시 만난 봉래를 상대로 점자 교육을 시작했다. 처음에는 무척 더디고 힘겨운 과정이었다. 하지만 봉래가 한번 점자의 구조를 익히고 나니 순조롭게 읽기를 터득했고 곧 받아쓰기도 가능하게 되었다.

"봉래, 읽기와 쓰기도 배웠으니 이제 뜨개질도 배워보자."

로제타는 봉래에게 뜨개질과 바느질도 가르쳤다.

"선생님, 제가 책을 읽고 글을 쓸 수도 있고 뜨개질도 할 수 있다는 것이 믿어지지 않아요."

봉래는 자신의 변화에 대해 너무나도 행복해했다. 그동안 깜깜한 세상에서 절망적인 삶을 살고 있던 봉래가 로제타가 건넨 손을 잡고 밝은 새 세상으로 건너온 것이었다.

"더 열심히 공부해서 너처럼 앞을 못 보는 어린 소녀들을 가르치는 교사가 되어 주렴."

"제가 그런 일을 할 수 있을까요?"

봉래가 놀라서 되물었다. 봉래는 곧바로 새로운 꿈을 갖게 되었다. 그때까지 아무런 희망도 없이 어둠 속에 머물던 장애인이 드디어 새롭게 눈을 뜨는 순간이었다. 로제타의 꿈대로 봉래는 머지않아 보조교사로 맹인 소녀들을 가르치게 되었다. 나중에는 일본에 건너가 심화된 교육을 받고 돌아온 뒤 교사가 되어 맹인 소녀들을 가르쳤다.

1900년 가을, 에스더가 의사가 되어 미 북감리교 여성해외선교회의 선교사로 파견되어 한국으로 돌아왔다.

"에스더, 네가 너무나도 자랑스럽구나."

"모두 언니 덕분이에요."

에스더의 눈에 눈물이 고여 왔다. 말하지 않아도 이디스를 생각하고 있는 것이리라. 로제타는 에스더도 자신처럼 이국에 남편과 둘째 아이를 묻고 혼자 돌아왔다는 생각에 가슴이 저렸다. 5년 동안 내내 타국에서 아내의 공부를 뒷바라지하던 박유산은 아내의 졸업을 두 주 앞두고 결핵으로 생을 마감했다. 착하기만 했던 그는 마치 자신의 사명을 다했다는 듯이 그렇게 슬프게 떠나갔다.

로제타에게 1901년은 어느 해보다 희망적이어야만 했다. 에스더가 의사가 되어 돌아왔고 셔우드는 평양의 작은 학교에서 잘 적응하고 있었다. 이디스 마가렛 병동도 완성되어 잘 운영되고 있었다. 믿고 일을 맡길 만한 이가 생겼고 슬퍼할 여유가 생겼던 까닭이었을까. 그동안 계속된 불면증과 피로, 누르고 눌러 놓았던 슬픔 때문이었던지 로제타는 어느 순간 무너지고 말았다.

"에스더, 수잔, 병원과 셔우드를 부탁한다."

로제타가 서울로 진찰을 받으러 가며 말했다.

로제타의 병은 신경쇠약이었고, 선교부에서는 고향으로 돌아가서 휴식을 취하고 요양하라는 결정을 내렸다. 에스더가 셔우드를 데리고 서울로 와서 보구여관을 맡기로 했다. 대신 로제타의 대학 후배인 릴리언 해리스 박사가 평양으로 가기로 했다. 평양에서 로제타의 뒤를 이어 열정적으로 일하던 해리스 박사는 이듬해, 윌리엄과 같은 발진티푸스로 대동가에 묻힌 최초의 서양인이 되고 말았다. 그녀의 나이는 너무도 안타깝게도 서른아홉이었다.

1901년 6월 7일, 미국행 여행길에 오른 로제타는 7월 7일에 샌프란시스코에 도착했다. 뉴욕에 도착한 로제타는 셋째 오빠 찰리 집 근처의 요양원에 들어갔고, 셔우드는 목사인 둘째 오빠 프랭크 집에 맡겼다. 8개월 동안 셔우드는 외삼촌 프랭크의 집에서 학교를 다녔다. 그동안 로제타는 리버티를 방문하지 않았다. 이디스가 태어난 곳, 어머니가 반겨주어야 하는 그 집을 방문하는 것이 로제타에게 너무도 고통스러운 일이었으리라.

마침내 그 이듬해 8월에야 로제타와 셔우드는 리버티의 고향 집을 방문할 수 있었다. 8개월 동안 이제나저제나 눈이 빠지라고 로제타와 셔우드를 기다리던 조는 그제야 두 사람과 해후할 수 있었다. 고향 방문은 한국으로 돌아오는 여정 속에 들어 있었다.

리버티를 거쳐 두 사람은 캐나다에 들러 윌리엄의 가족들을 만나고 런던을 거쳐서 한국으로 돌아가기로 했다. 일행으로 안식년 휴가 중이었던 메리 커틀러 박사, 새로 파견되는 마가렛 에드먼즈 Margaret J. Edmunds 간호사가 합류했다.

런던에 도착하니 에드워드 7세 국왕의 대관식이 있어서 축제 중이었다. 9월 18일에 런던에 도착했던 이들은 난감한 지경에 빠졌다. 대관식으로 인해 여객선의 선박 표가 모두 동이 나 아시아로 오는 표를 구할 수가 없었다. 11월까지 기다려야만 한다는 것이었다. 로제타는 이리 뛰고 저리 뛰어 10월 16일에 출발하는 고베행 '글렌 로건'이라는 화물선의 표를 구할 수 있었다.

여객선을 기다리고 있는 것보다는 빨리 조선으로 데려다줄 것으로 믿었던 화물선은 여행객들의 바람을 여지없이 배신했다. 지중해를 건너 콘스탄티노플을 거쳐 흑해 연안의 러시아 항구 바툼에 정박한 선박은 그곳에서 77일간을 머물렀다. 장마, 노동 쟁의, 인종 폭동, 크리스마스 휴가 등 이유도 가지가지였다.

결국, 선교사들은 배 안에서 추수감사절, 성탄절, 새해를 맞이해야 했다. 기다림의 긴 시간 동안 그들은 함께 한국어를 공부하고, 새로 설립하기로 계획한 간호학교의 청사진을 마련했다. 1903년에 12월, 마가렛 에드먼즈는 보구여관 부설 간호원양성학교의 문을 열었다. 이곳에서 우리나라 최초의 정식 간호사들이 배출되었다.

1903년 3월 18일, 로제타는 5개월 동안의 기나긴 여행을 마치고 서울로 귀환했다. 길고 지난했던 여정은 로제타의 영혼이 기나긴 슬픔의 골짜기를 건너오는 데 꼭 필요한 시간이 아니었을까.

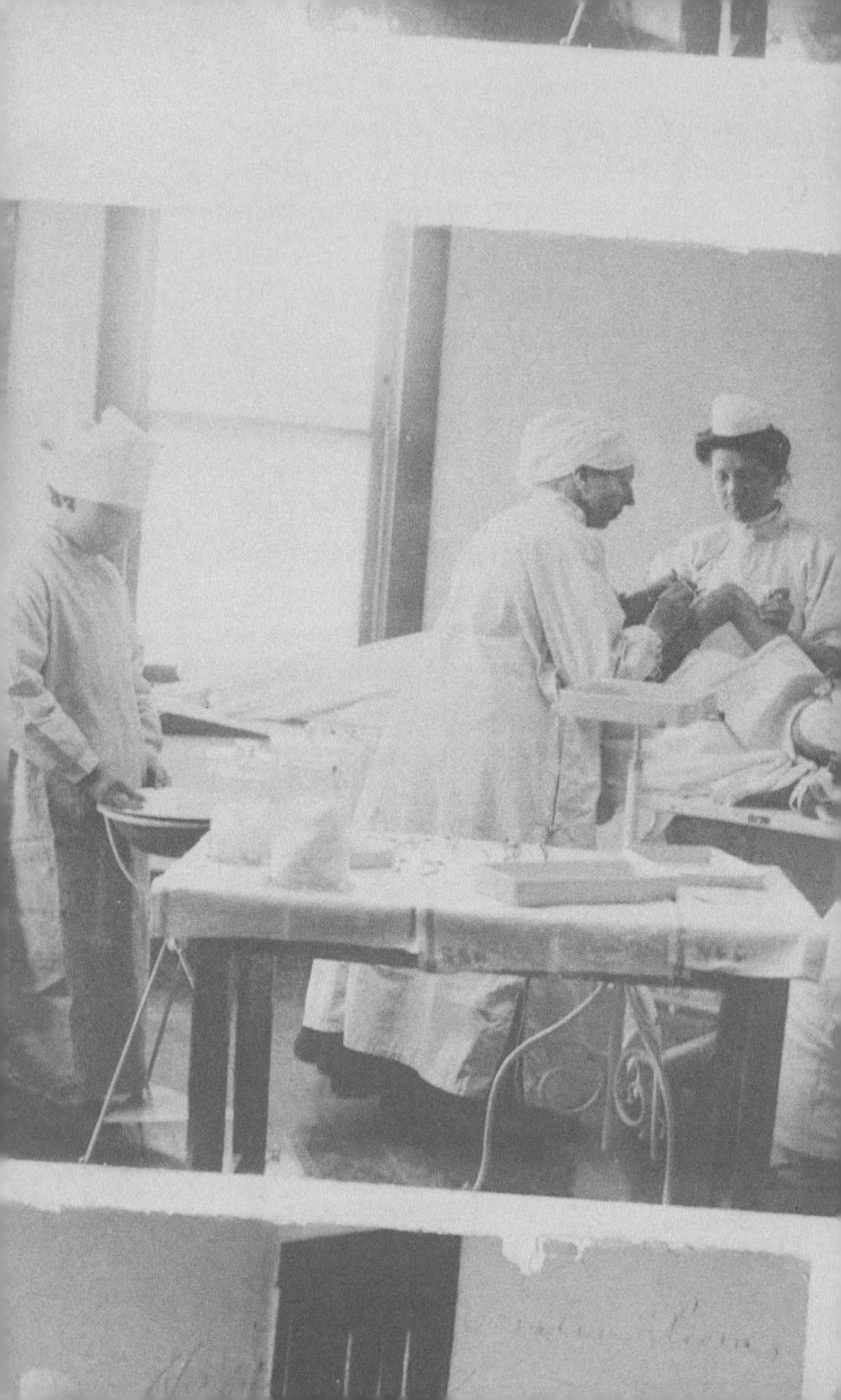

제4부

조선의 여성을 위한 여성의 일, "여성 의료인"

18. "평양의 오마니"

1903년 3월, 다시 평양으로 돌아왔을 때 로제타의 주머니에는 광혜여원을 확장할 충분한 자금이 들어 있었다. 미국에서 가족, 친구, 교회, 선교 단체 등으로부터 모금한 성금이었다. 공사가 곧 시작되었고, 이디스 마가렛 병동 옆에 2층 양옥 건물을 지어 올렸다. 이 건물은 평양에서 가장 웅장한 서양식 건물로 소문이 나면서 많은 이들이 구경하러 왔다.

1906년, 로제타는 다리가 부러지는 사고를 당해 자신의 병원에 입원해 있었다. 그 와중에 병원에 불이 났다.

"엄마, 엄마, 엄마…."

수업 중 병원에 불이 났다는 소식을 듣고 달려온 셔우드가 불타는 건물을 바라보면서 울부짖었다. 셔우드는 건물 안에 엄마가 있을 거로 생각하며 공포에 질려 있었다. 하지만 다행히도 로제타는 건물이 무너지기 전에 대피해 있었다. 로제타가 다리를 다친 것은 출발하는 기차에서 뛰어내리면서였다.

뉴욕의 북감리교 선교부에서는 해마다 선교 사업이 제대로 진행되고 있는지 조선에 시찰을 나왔다. 그해 시찰을 나왔던 섬너 스톤 목사는 마침 윌리엄이 뉴욕에서 일할 때 한집에서 살았던 적이 있었던 귀한 인연을 가진 이였다. 로제타는 스톤 목사가 업무를 마치고 돌아가는 길을 배웅하느라 기차 안까지 따라 들어갔다. 두 사람은 이야기에 빠져있다가 기차가 출발하는 것을 눈치채지 못하고 있었다. 나중에야 로제타가 이를 깨닫고 허겁지겁 기차에서 뛰어내리면서 다리를 부러뜨린 것이었다.

불은 한옥으로 된 병원의 본관 건물과 이디스 마가렛 병동까지 몽땅 태워버렸다. 로제타의 상실감은 무척 컸다. 하지만 이제는 그만한 일로는 주저앉지 않을 만큼 연단되어 있었다.

'더 큰 병원으로 돌려주시려는 계획이실 거야.'

로제타는 기도 중에 절망을 걷어내고 더 큰 희망을 보았다. 점점 느는 환자들에 비해 이미 병원은 너무 비좁았다.

'규모를 키우고 온수와 난방, 상하수도 시설을 갖춘 병원 건물을 세우는 거야. 벽돌과 화강암으로 외장을 만들어서 화재에 강한 건물을 세워야지.'

다리를 다쳐 누워 있는 동안에 로제타는 많은 편지를 썼다. 고국의 가족, 친척, 친구 등과 선교 단체 등에 편지를 쓸 시간적 여유가 있는 것이 차라리 다행이었다. 모든 죽어가는 아이들은 이디스였고, 아이를 잃은 엄마들은 자신이었다. 자신처럼 불행한 엄마, 이디스처럼 피어보지도 못하고 사그라지는 영혼을 줄이는 것이 자신의 사명이었다. 로제타의 편지는 열렬하게 응답을 받았다.

1908년, 벽돌과 화강암으로 지어진 지하 1층, 지상 2층 규모의 광혜여원은 평양에서 가장 규모가 큰 고층빌딩으로 우뚝 일어섰다.

"진정한 기념물은 차갑고 값비싼 대리석이나 화강암으로 만든 조각품이 아니라 인류를 고양시키거나 고통을 경감시키기 위한 기초를 놓는 것이어야 한다. 그런 기념물은 살아 있고, 따뜻하고, 길이길이 재생산적인 것이다."

이 말은 로제타가 남편의 희생을 기념하기 위한 기홀병원을 세울 때 했던 말이었다. 광혜여원도 마찬가지였다. 이런 정신을 기초로 세워진 병원들은 인류를 고양시키고 고통을 경감시키는 기초를 놓았다. 그곳은 살아 있었고, 따뜻했고, 길이길이 재생산적인 역할을 해냈다.

로제타는 병원에 앉아서 자신을 찾아오는 환자들만을 기다리고 있지는 않았다. 1898년, 이디스가 떠난 그해 겨울부터 의사의 손길이 닿지 않는 곳을 찾아가는 의료 선교여행을 시작했다. 외딴곳을 찾아다니다 보면 너무나도 안타까운 사람들을 만나게 되었다. 몸도 마음도 고통에 지쳐 새로운 세상을 갈망하고 있는 여성들이었다.

로제타의 첫 선교여행은 전삼덕의 초청을 받아 그녀의 마을을 방문한 것이었다. 전삼덕은 윌리엄 홀이 개종시킨 북쪽 지방의 첫 여성이었다. 그녀는 강서에 살던 양반의 부인으로 여성을 억압하던 성리학의 가치 아래서 심하게 고통받던 여성이었다. 그녀의 남편은 젊은 여성을 첩으로 얻어 딴살림을 차렸고, 자신은 집안에 갇혀서 외로운 처지였다. 그녀가 살고 있던 곳은 마침 윌리엄이 개종시킨 초기 신자 오석형의 고향 마을이었다.

오석형에게서 기독교에 대해 전해 들은 전삼덕은 가마를 타고 80리 거리에 머물던 윌리엄 홀을 찾아왔다. 자신이 직접 기독교에 대해 알아보겠다는 일념에서였다. 그녀는 기독교를 받아들이면서 새로운 삶의 희망을 가지게 되었고, 전도부인이 되어 나중에 교회를 세 개나 설립했다.

"허을 박사님, 다시 만나게 되어 너무나도 기쁩니다. 저에게 처음으로 진리를 전해주신 윌리엄 허을 박사님이 돌아가셨다는 소식을 듣고 어찌나 가슴이 아팠는지 몰라요. 그런데 또다시…."

헤어진 지 4년 후에 다시 로제타를 찾아온 전삼덕은 말을 맺지 못하고 눈물을 쏟았다. 이디스가 세상을 뜨고 난 후 소식을 듣고 먼 길을 달려온 참이었다.

두 번째 선교여행부터 몇 차례 동행한 6살 셔우드도 자신의 몫을 톡톡히 했다. 독신 여성선교사들의 삶을 이해하지 못하던 조선 여성들은 번듯한 아들을 대동한 로제타에게는 존경의 눈길을 보냈다. 성리학의 관점에서는 결혼을 하지 않는 것, 또 아들을 낳지 못하면 사람 취급을 받지 못하였다.

오지를 돌아다니며 만나는 가난한 이들, 그들 중에서도 특히 가난한 여성들은 세상에서 가장 낮은 곳에 있었다. 여성들은 하나같이 고통에 신음하고 있었다. 삼강오륜, 칠거지악, 시집살이는 고추보다 매워서 가면 봉사 3년, 벙어리 3년, 귀머거리 3년을 살아야 한다고 귀에 못이 박이도록 강요당하는 나라에서 그들의 삶은 가팔랐다. 로제타는 그들에게 한없는 동정심을 느꼈다.

'이들에게 적어도 아플 때 의사의 손길만이라도 닿게 해 준다면 얼마나 좋을까.'

로제타의 간절한 바람이었다. 로제타가 만난 많은 여성 중에서도 특히 극단적인 상황에 놓여 있는 한 여성이 있었다. 3년 전에 과부가 된 34세의 영리하고 외모가 예쁜 여인이었다.

"평양에 한 번 다녀온 뒤부터 4개월 동안 미쳐 있는 여자가 있어요. 한번 봐 주세요."

어느 마을에서 로제타가 인도된 곳은 도배도 장판도 발라지지 않은 흙방이었다. 여자 하나가 갇혀 있었고, 방바닥에 달랑 놓여 있는 바가지에는 돼지 새끼에게나 먹일 듯한 음식이 담겨 있었다. 방에서는 돼지 움막보다도 더 지독한 냄새가 났다.

"이 여자의 몸은 왜 이렇게 온 데가 멍들고 상처가 곪아 있나요?"
"여자의 몸속에 있는 귀신을 쫓아내려고 인두로 몸을 지지고 마구 때렸답니다."
 "세상에! 멀쩡한 사람이라도 이런 대접을 받게 되면 미치지 않고 견딜 수 없을 것 같군요."
 로제타는 그 여인에게 몇 가지 질문을 던져 보았다. 주의를 집중할 때는 질문에 멀쩡하게 대답하다가는 곧 정신이 오락가락하며 노래하거나 혼잣말을 중얼거렸다.
 '병원으로 데려가서 제대로 영양을 공급하고 보살피면 나아질 수도 있을 텐데. 정신병자를 수용할 병동이 없으니….'
 로제타는 한숨을 내쉬지 않을 수 없었다. 병원에 정신과 병동을 가질 수 있으면 얼마나 좋을까 싶었다. 여행을 떠나오기 전에 일어났던 일을 생각하며 그 여인을 포기할 수밖에 없었다. 아쉬운 대로 어린이 병동에 입원시켜 치료하고 있던 정신병을 앓는 여인이 있었다. 그런데 잠시 감시가 소홀한 틈을 타서 환자가 병실 밖으로 뛰쳐나가 물탱크에 뛰어들어 자살을 시도한 일이 있었다.
 '돈만 있다면 병동을 두 개 더 지어서 하나는 전염병 병동으로 쓰고, 또 하나는 정신 병동으로 쓰면 좋으련만….'
 상황이 이러하니 로제타가 조선에서 일하는 내내 병원의 시설을 늘리고 병원의 인력을 양성하기 위한 모금 활동도 진료 못지않게 중요한 일이었다. 편지와 소책자 등을 통해 고국에 있는 여성들에게 성금을 보내 달라고 호소하고 설득하는 활동이었다.

 어느덧 로제타의 조선에서의 삶도 수십 년이었다.
 "강 간호사, 며칠 전 태어난 쌍둥이 아기와 산모는 언제 퇴원하나요?"
 "내일이에요."
 "내일 그 아기들 퇴원할 때 사진을 좀 찍어 둡시다."

강 간호사와 쌍둥이 아기

로제타는 간호사에게 이르며 의미 있는 미소를 지었다. 고국에 있는 여성들에게 강 간호사와 며칠 전 제왕절개로 태어난 쌍둥이 여아의 이야기가 아주 흥미 있을 것이었다.

그다음 날 쌍둥이 아버지는 가마를 대동하고 아내와 아기들을 데리러 왔다.

"박사님, 아내와 아기들을 살려 주셔서 정말 고맙습니다."

난산이어서 제왕절개를 하지 않았더라면 아기들과 산모가 무사하기는 힘든 경우였다.

"딸을 한꺼번에 둘씩이나 낳아서 서운하지 않으신가요?"

로제타가 웃으며 아기 아버지에게 물었다.

"아이고, 천만에요. 의사 선생님이나 여기 간호사 선생님처럼 훌륭하게 키울 거랍니다."

로제타는 뿌듯한 마음으로 아기 아버지를 바라보았다. 자신이 지난 수십 년 세월 동안 이곳에서 해 온 일의 결과가 생생하게 눈앞에서 펼쳐지고 있었다.

"네. 맞아요. 정말 좋은 생각이에요. 그렇게 훌륭하게 키워서 세상에 유익한 사람이 되고 예수님을 기쁘게 하는 딸들이 되기를 기도합니다."

로제타는 아기들과 부모를 배웅하고 난 뒤에 간호사를 향해 물었다.

"강 간호사는 일하는 게 좋은가요?"

"그럼요. 저에게 전도부인 할머니가 안 계셨더라면 지금쯤은 결혼하여 집안에서 꼼짝없이 아이들을 키우고 살림을 하고 있었을 거예요. 할머니 덕분에 교육도 받고 이렇게 보람 있게 살 수 있어서 너무 기뻐요."

로제타는 강 간호사를 주인공으로 하여 한국에서 진행되고 있는 선교 활동의 상황과 성과, 그리고 전망에 대한 글을 쓰기 시작했다. 로제타는 평소 교육, 의료, 전도, 세 영역은 변이 서로 맞물려서 강력한 삼각형을 형성하고 있다고 주장해 왔다. 그러기에 더 많은 의사, 간호사, 교사 등을 기르기 위해 장학금이 꼭 필요하다고 역설하며 도움을 호소했다.

다행히도 로제타가 한국에서 일하는 대부분의 기간 미국 여성들의 호응은 놀라웠다. 1915년 미국 내 기독교 각 교파에 소속된 여성 해외선교회의 회원들은 300만 명을 넘었을 정도였다. 당시 미국 여성들은 남녀 불평등에 분노하며 참정권 운동이 불타오르고 있었다. 자신들의 사회적 억압에 분노하면서 지구 반대편의 고통받는 여성들에게 자매애를 느꼈고 기꺼이 그들을 돕는 일에 동참했다.

로제타가 고국에서 오는 성금으로 실천한 사랑의 혜택을 받은 이들 중에서도 특별한 이들이 여성 장애인들이었다. 로제타의 맹아 교육은 1909년에 10주년을 맞이했다. 이 학교에서는 10년 동안의 교육 성과를 소개하고 특수 교육을 확대하기 위한 바자회와 공연을 준비했다.

"세상에! 봉사가 글을 읽고 쓰다니!"

"그것뿐인가, 뜨개질도 하고 오르간도 연주하잖아."

대부분 그런 광경을 처음 보는 사람들은 벌린 입을 다물지 못했다.

"내년에는 농아들을 위한 학교를 시작할 예정입니다. 농아들은 말을 대신하는 손짓으로 주고받는 신호라 할 수 있는 수화라는 것을 배우면 서로 의사소통이 가능합니다."

대부분의 사람에게 그런 상황은 상상도 되지 않았다. 하지만 로제타는 이미 앞을 못 보던 이들에게 새로운 세상을 열어 보여주지 않았던가.

"사람들에게 맹인 교육을 홍보하기 위해서 서울과 남쪽 지방에 순회 여행을 가야겠어요."

로제타는 학생 중 가장 뛰어난 재능을 보이는 폴린을 데리고 맹인 교육의 필요성을 홍보하기 위한 여행을 계획했다. 아직도 평양을 벗어나면 맹인들이 점을 치는 것을 제외하고는 책을 읽는다든가 무언가 유용한 기능을 습득할 수 있음을 본 적도 아는 사람도 없는 현실이었다.

폴린은 열일곱 살에 로제타에게 맡겨진 소녀였다. 전도부인이 무당에게 팔려가던 아이를 구해 내어 데려다주었다.

"박사님, 무당이 이 아이 부모에게 귀신의 장난으로 아이가 앞을 보지 못하게 되었기에 귀신을 섬기고 살아야만 한다며 데려가려 하고 있었어요. 제가 아이 부모를 간신히 설득해서 데리고 왔습니다."

소녀는 기독교를 받아들이고 세례를 받으면서 폴린이라는 이름을 갖게 되었다. 곧 점자책을 읽고 쓰게 되었고, 시간이 지나면서 오르간을 연주하며 찬송가를 부를 수 있게 되었다.

폴린의 공연을 본 사람들은 모두 깜짝 놀랐다. 세상 낮은 곳 중에서도 가장 낮은 곳에 있던, 여성 장애인이 훌륭한 재주를 가진 동등한 인간으로 높여지는 놀라운 순간이었다.

1915년, 평양에서는 '허을 부인 조선 온 지 25주년 기념' 행사가 열렸다. 로제타는 어느 때부터인가 "평양의 오마니"로 불리고 있었다. 조선 여성을 해방시켰다 해서 노예를 해방시킨 링컨과 비유된다는 신문 기사가 실리기도 했다.

　로제타로부터 그동안 치료를 받은 이들이 수십만에 이르렀고, 그들 중 수천 명은 로제타의 친절함에, 이타적인 헌신에 감명을 받아 기독교인으로 개종했다. 로제타는 기독교를 먼저 말하지 않았다. 그저 예수님의 마음으로 아픈 이들을 대하려 했을 뿐이었다. 치료하고, 가르치다 보니 전도는 자연스럽게 따라왔을 뿐이었다.

　이제 평양은 의료, 교육 등에서 한반도 어느 도시보다 앞선 곳이 되었다. 그 도시에 빛을 심기 위하여 남편과 딸을 바쳐야 했던 특별한 "오마니"로 인해 평양은 샛별처럼 반짝였다.

19. 한국 여의사들의 할머니

"에스더, 깊이 생각해 보시오. 지금 이날의 모든 실정에서 제일 급한 것은 의학의 발달과 의료 기관의 증설입니다…. 선생은 에스더가 아닌 다른 사람이 능히 할 수 있으나 훌륭한 의사는 에스더가 아니면 매우 어렵습니다. 이 나라는 에스더가 의사가 되길 기다리고 바랄 것입니다. 의학 공부를 계속해 주길 바라오."

1919년, 로제타는 절박한 심정으로 애원하는 편지를 쓰고 있었다. 여기서 에스더는 로제타의 권유로 동경여자의학전문학교 2학년에 재학 중이었던 황애덕이었다. 그녀는 로제타와 메리 커틀러 박사가 운영하던 기초의학반 출신이었다. 경성의학전문학교에서 1년 동안 청강생으로 공부한 후 동경여자의전에 진학해 있었다. 새로운 조선인 여의사 탄생을 기대하고 있던 로제타에게 의학 공부를 포기하겠다는 황애덕의 편지는 날벼락 같은 소식이었다.

일본에서 공부를 시작한 황애덕은 식민지의 딸로서 더 시급한 일은 독립운동가가 되는 길이라고 결심하게 되었다. 다른 학문의 세계를 보게 되면서 의학이 자신의 적성과 맞지 않는다는 사실을 알게 된 이유도 있었다.

"남녀는 만물을 움직이는 두 개의 수레바퀴와 같습니다. 그러니 우리 여자유학생들도 독립운동에 남학생들과 똑같이 동참해야 합니다."

황애덕은 여자유학생들을 찾아다니며 2·8독립선언서에 서명할 것을 촉구했다. 1919년 2월 8일 도쿄에서 유학생 300여 명이 발표한 이 선언은 3·1운동의 도화선이 되었다. 결국, 황애덕은 그해 독립운동을 하다 체포되어 수감되었다. 이런 애덕의 행동은 하루빨리 조선인 여의사를 하나라도 더 양성하겠다는 절박한 꿈을 갖고 있던 로제타에게는 크나큰 실망이 아닐 수 없었다.

로제타와 황애덕 가족의 첫 만남은 로제타가 두 번째로 평양을 방문했던 1898년에 이루어졌다. 황애덕의 어머니 홍유례는 황애덕의 동생인 황신덕을 출산한 후 사흘 동안 태반이 나오지 않아 하혈로 목숨이 위태로운 지경이었다. 그때 이웃이 성안에 "허을 부인"이라는 명의가 있다는 소식을 전해주었다. 홍유례의 남편은 급히 가마를 불러 성안으로 들어가 로제타에게 왕진을 요청했다. 로제타에게 태반 잔류에 대한 처치는 "단추를 푸는" 정도의 간단한 일이었다.

"제 아내를 살려 주셔서 백골난망입니다. 무엇으로 이 은혜를 갚아야 할지요?"

홍유례의 남편은 연신 머리를 조아리며 감사를 표했다.

"은혜를 갚을 필요 없습니다. 다 하나님의 은총이지요. 예수를 믿으세요."

이리하여 온 가족이 기독교 신자가 되었다. 홍유례는 전도부인으로 거듭나서 광혜여원에서 일하게 되었다. 태어나면서 어머니를 잃을 뻔했던 황신덕은 독립운동에 동참했고, 해방 후에는 여성운동과 여성 교육에 평생을 바쳤다. 또한 이태영, 이희호 등과 함께 여성문제연구회와 가정법률상담소를 창립하였다. 이 단체는 우리나라 최초로 여성의 법적 불평등을 제기하고 여성에게 지극히 불평등했던 가족법을 개정하는 데 수십 년 동안 결정적인 역할을 했다.

로제타가 조선에서 여의사를 양성하기 위해 기울인 노력은 참으로 눈물겨웠다. 그 노력은 1890년, 조선에 오자마자 보구여관에서 에스더와 오와가에게 시작한 실무 훈련이었다. 곧 이 둘을 포함한 다섯 명의 소녀들에게 약리학과 생리학을 가르쳤다. 그 당시에는 일본이나 중국에도 여자들을 위한 의학교가 없을 때였다. 이 점에 대해 로제타는 평생 자신을 무척 자랑스러워했다. 1910년, 로제타는 또 한 번의 엄청난 상실을 겪어야만 했다. 자매이자 가장 든든한 동료였던 에스더가 결핵으로 세상을 떠나버렸다. 1900년 의사가 되어 감리교 선교사로 임명되어 귀국한 뒤, 눈부신 활약을 보여주었던 박에스더였다. 10년 동안 언어 장애가 없던, 유일한 여의사로 조선인들 사이에서 "우리 의사"라고 불리던 에스더였다.

공짜로 먹여주고 입혀준다는 이유로 이화학당에 맡겨졌던 가난한 소녀 점동을 우리나라 최초의 서양 의학을 전공한 의사 박에스더로 길러낸 로제타였다. 그 슬픔과 상실감은 이루어 말로 표현할 수 없었다.

허망하게 세상을 떠났을 때, 그녀의 나이는 겨우 서른넷이었다. 공교롭게도 16년 전, 로제타의 남편 윌리엄이 세상을 떠났을 때와 나이가 같았다. 에스더의 죽음에 로제타 못지않은 상실을 겪은 이가 또 하나 있었다. 태어날 때부터 가장 가까이에서 자신을 아들처럼 아끼고 사랑해 주었던 이모를 잃은 셔우드였다.

"엄마, 저도 의사가 될래요. 이모를 앗아간 결핵을 고치는 의사가 되겠어요."

셔우드가 슬픔을 곱씹으며 한 결심이었다. 하나님께서 땅에 뿌리는 튼실한 씨앗은 때로는 우리에게 너무 가혹한 일을 통하여 이루어지는 것이 아닐까. 그때까지 셔우드는 사업가가 되겠다는 꿈을 갖고 있었다. 그날의 결심대로 훗날 셔우드는 의사가 되었고, 우리나라 최초의 결핵요양병원인 해주 구세병원을 세웠다. 1932년, 오늘날까지도 크리스마스 철에 볼 수 있는 크리스마스실을 우리나라에 최초로 도입하여 결핵 퇴치 기금을 조성하는 전통을 세웠다.

1912년, 동대문 성벽 바로 아래 서울에서 가장 높은 5층짜리 초현대식 빌딩으로 릴리언 해리스 기념병원이 문을 열었다. 이 병원은 로제타가 1893년에 같은 장소에서 시작했던 볼드윈 진료소가 성장 발전한 것이었다. 해방 후에는 이화대학부속병원이 되었던 이 병원은 평양에서 발진티푸스로 세상을 떠난 릴리언 해리스 박사의 희생을 기리는 병원이었다.

릴리언 해리스 기념병원은 서대문에 있던 보구여관과 통합되었다. 그리하여 메리 커틀러 박사가 평양으로 올 수 있었다. 에스더가 세상을 뜬 후, 평양의 광혜여원에 여의사가 절실하게 필요한 상황이었고 커틀러 박사는 로제타와 함께 중요한 계획을 논의하고 있었다.

"커틀러 박사님, 그동안 우리가 간절히 원했던 일을 부족하나마 당장 시작해 보기로 합시다."

로제타와 메리 커틀러 박사는 1905년에 이미 장로교와 연합하여 여자의과대학을 설립하려고 시도를 한 적이 있었다. 결국, 시도에 그치고 말았으나 그렇다고 두 사람의 희망과 열정이 사라진 것은 아니었다. 1913년 9월부터 두 사람은 광혜여원에서 의학강습반을 시작했다.

"여인은 본질이 의원과 같아 생명을 보호하고 구함에 부드럽게 잘하나 남자는 성질이 억세고 고집스러워 오늘날에 있는 바와 같이 전쟁에서 서로 죽이기를 기탄없이 합니다. 딸이 있거든 의사가 너무 많을 염려는 마시고 의학을 공부시켜 주의 일을 행하게 하십시오."

로제타가 딸을 가진 기독교인들을 보면 누구에게나 간곡하게 설득하고 부탁하는 말이었다. 로제타 부부의 오랜 친구이자 우리나라 최초의 목사가 된 김창식의 딸, 김로다는 로제타의 권유와 지원으로 의사가 되었다. 하지만 로제타의 끈질긴 노력에도 불구하고 공들인 모든 소녀가 의사가 되지는 못하였다. 전삼덕의 손녀 김폴린 자매, 전도부인 홍유례의 딸들인 황애덕과 황신덕, 또 다른 전도부인 장신도의 딸인 윤심덕 등은 로제타의 부단한 노력에도 불구하고 의사의 길을 가지 못했다. 하지만 이들은 미국과 일본 유학을 통하여 교육자, 여성 운동가, 성악가 등 여성 전문가가 되었다.

로제타와 커틀러 박사의 강습반은 기홀병원의 한국인 의사와 군대병원 의사들의 도움으로 가능했다. 남자 의사들이 수업할 때는 전도부인이 동석하여 여학생들의 보호자 역할을 하였다. 로제타는 이들을 세브란스 의학전문학교에 입학시킬 생각이었다. 그러나 기독교 선교단체가 연합하여 세운 세브란스의전은 여학생들을 받아주지 않았다. 로제타는 남성들의 이기심을 원망하지 않을 수 없었다.

의학반 여학생들에게 의사가 되는 길을 열어주기 위해서는 중국이나 일본, 미국 등으로 유학시켜야만 했다. 비용이 가장 문제가 되었다. 모금도 한계가 있었다. 방법을 고민하고 또 고민하다가 로제타는 조선총독부의원 부속의학강습소 후지타^{藤田嗣章} 교장을 찾아갔다. 평소에 우호적인 관계를 유지하고 있던 사이라서 자신의 간곡한 부탁을 뿌리치지는 않으리라는 희망과 지푸라기라도 잡는 심정이기도 했다.

"학교를 남녀공학으로 바꾸시면 어떨까요? 이 나라 여성들은 남자 의사에게 몸을 보이느니 차라리 죽겠다는 이들이 아직도 많지 않습니까? 여성들을 돌보려면 여의사가 꼭 필요하다는 것을 잘 알고 계시지요?"

"이거 참…. 곤란한 부탁이군요."

난감하다는 표정을 짓고 한참을 고민하던 교장이 나중에야 말했다.

"남녀공학은 불가능한 일이고요. 청강생으로 받아주면 어떨까요? 청강생으로 공부하고 난 후에 의사고시에 응시하면 되지 않겠어요?"

"아쉽지만 그런 방법도 가능하겠군요. 아무튼, 참으로 감사합니다."

로제타는 그것만이라도 천만다행이라 생각했다. 무엇보다도 총독부에서 운영하는 이 학교에는 학비가 없다는 것이 큰 장점이었다. 서울에 기숙사를 마련하여 평양에서 기초의학반을 마친 여학생들을 올려보냈다. 전도부인 홍유례가 이들과 함께 살며 돌보았다.

드디어 1914년, 김영흥, 안수경, 김해지 등 세 명의 여학생들이 총독부의원 부속의학강습소의 청강생으로 들어갔다. 이들은 4년 후에 국내에서 최초로 의사 면허증을 손에 쥐게 되었다. 조선 땅에서 여의사를 양성하겠다는 로제타의 꿈이 28년 만에 이루어지는 감격스러운 순간이었다.

같은 해에는 또 한 명의 실질적인 여의사가 탄생했다. 당시 총독부는 부족한 의사들을 수급하기 위해서 병원에서 임상훈련을 받은 이들에게 시험을 치르게 하여 "의생 면허"를 주고 있었다. 로제타는 5년 동안 광혜여원에서 수간호사로 일하던 이그레이스에게

산부인과 임상훈련을 시켰다. 그녀가 시험에 통과하여 의생 면허를 따면서 실질적인 의사가 된 것이었다. 이그레이스는 우리나라 최초의 여성 개업의가 되었다.

이그레이스는 1882년 서울에서 복업이라는 이름의 여종으로 태어났다. 어렸을 때 다리의 뼈가 괴사하는 병에 걸려 걷지 못하고 기어 다니게 되자, 주인은 그녀를 버렸다. 불행 중 다행으로 그녀는 보구여관에 들어오게 되었다. 복업은 그곳에서 로제타와 커틀러 박사의 수술과 치료로 다시 걷게 되었다. 그 후 이화학당에서 공부하며 1897년 세례를 받아 그레이스라는 세례명으로 불리게 되었다. 누구보다 영특했던 그녀는 1903년 12월, 보구여관 부설 간호학교가 생기면서 첫 학생이 되었고, 4년 후에 졸업하면서 우리나라 최초의 정식 간호사가 될 수 있었다.

간호학교 재학 중 동대문부인병원에서 실습을 하던 중, 그레이스는 이하영 전도사로부터 공개 청혼을 받았다. 그녀는 병원의 의사와 간호사들 앞에서 이하영으로부터 평생 공부와 일을 계속할 수 있도록 지원을 아끼지 않겠다는 서약을 받고 청혼을 받아들였다.

총독부의원 의학강습소는 1916년부터 서울대학교 의과대학의 전신인 경성의학전문학교가 되었고 나중에 교장도 바뀌었다. 여학생을 청강생으로 받는 것에 대해 자꾸 트집을 잡던 학교는 이후 5-6명 정도를 추가로 받아주더니 1926년부터는 여학생들에게는 아예 문을 닫아버렸다.

1921년, 로제타는 릴리언 해리스 기념병원의 다른 이름인 동대문 여성병원의 원장으로 자리를 옮겼다. 여의사 양성에 주력하기 위해서 서울로 자리를 옮긴 것이었다. 미국도 경기가 어려워지면서 대공황으로 치달아 가고 있었다. 따라서 여의사를 양성하기 위한 장학금 모금은 점점 더 어려워졌다. 동경여자의학전문학교도

조선총독부 의학강습반(현재 서울대학교 의과대학)을 졸업하고 의사면허를 취득한 세 의사 (뒷줄 왼쪽이 로제타 홀, 오른쪽이 메리 커틀러 박사)

갈수록 경쟁률이 치솟아 120명 정원에 600여 명이 응시할 정도여서 조선인 여학생들의 입학이 나날이 어려워졌다. 로제타는 자신이 소속되어 있는 감리교 여성선교회 소속인 이화여자전문학교에 의예과만이라도 신설해 달라고 간절히 호소했다. 그러나 이화여전도 끝까지 로제타를 외면했다. 로제타는 너무도 크게 실망했다.

'좋다. 이제는 뜻을 같이하는 한국인들과 함께 여자의전을 설립해 보는 수밖에 없겠어.'

로제타는 국내외 자신의 동지가 될 한국인 의사들을 찾아다니기 시작했다. 그때 로제타의 레이더에 걸린 이가 동경여자의학전문학교에 재학 중이었던 길정희였다. 세브란스의전의 최동 박사로부터 그녀에 대해 전해 들은 다음, 로제타는 최 박사와 함께 동경으로 길정희를 찾아갔다.

"한국에 여의사가 절대적으로 많이 필요합니다. 졸업하고 귀국한 다음에 나와 함께 한국의 여자 의학교육에 동참해 주십시오."

로제타는 길정희를 간곡하게 설득했다. 길정희는 로제타의 열정과 헌신에 감명을 받아 동의했다. 1923년, 길정희는 의학전문학교를 졸업하고 귀국했다. 1년 동안은 조선총독부병원에서 인턴으로 일한 뒤, 동대문여성병원으로 들어왔다. 두 사람은 같은 병원에서 일하며 만날 때마다 여의사 양성에 대해 논의하고 구체적인 방법들을 연구하였다.

1926년, 서울에서 로제타의 회갑연이 열렸다. 1865년생이었으니 원래는 1년 전에 열렸어야 했으나 미국에서 귀환하는 아들 부부를 기다리느라 1년을 연기한 것이었다. 고등학교 때부터 미국으로 유학을 갔던 셔우드가 의사가 되어 고향으로 돌아왔다. 그는 미국에서 사랑하는 여성을 만나 그녀를 설득했다.

"메리안, 나와 같이 조선으로 갑시다. 당신도 의사가 되어 선교사로 일하는 것이 어떻겠소?"

신앙심이 무척 깊었던 메리안은 셔우드의 권유로 로제타의 모교 펜실베이니아 여자의과대학에 진학했다. 그녀는 유능한 외과의가 되어 선교사로 이 땅에 파견되었다. 로제타는 회갑연에 참석한 젊은 의사 아들 부부를 보며 더할 수 없이 고맙고 자랑스러웠다.

회갑연의 주인공으로서 로제타는 답사를 하면서 자신의 마지막 소원을 호소했다.

"내가 여기서 한 가지 제의하는데 조선의 여성계를 위하여 이 일 한 가지를 더 하려는데 여러분이 협력할 수 있겠는지요? 늘어나는 여학교와 공장에 다니는 여성들을 위하여 공중위생 기관과 병원을 더 설치하는 것이 급선무입니다. 그러니 여의사가 얼마나 더 필요합니까? 그러니 오늘날 조선 안에 여자의학전문학교가 당연히 있어야 할 것이 아닙니까? 이 제의에 대하여 여러분은 어떻게 생각합니까?"

스물다섯 처녀의 몸으로 이 땅에 와서 한국여성들의 건강을 위해 평생을 바친 로제타는 이제 머리가 하얗게 센 노인이 되어 있었다. 그녀의 간절한 소원을 조선 사람들이 어찌 외면할 수 있었을까. 그곳에 앉아 있던 모든 이들의 가슴을 휘저어 놓지 않았을까.

그다음 해 로제타는 마지막 안식년을 맞았다. 미국에서 조선으로 돌아오는 길에 인도에 들러서 4곳, 중국에서 2곳, 일본에서 2곳 등 여러 나라의 여자의학전문학교를 둘러 보았다.

1928년 5월 14일, 로제타와 60명의 유지가 모여 조선여자의학전문학교 창립을 발기했다. 전문학교로 가는 초입 단계로 먼저 아쉬운 대로 여자의학강습소를 열기로 하였다.

그해 가을 예과생 17명과 함께 경성여자의학강습소가 문을 열었다. 재정적 부담은 모두 로제타가 감당하기로 하였다. 강습소가 자리한 곳은 로제타의 평생의 동료이자 가장 가까운 친구였던 루이스 간호사가 살다간 동대문의 2층집이었다. 그녀는 1년 전에 이 땅에서 소임을 다하고 양화진에 묻혔다. 강습소의 소장은 로제타가, 부소장은 길정희가 맡았다.

"의사 시험제도가 없어지기 전에, 그러니까 3년 안에 강습소를 전문학교로 승격시켜야만 우리가 한 해도 거르지 않고 의사들을 배출할 수 있습니다. 더 이상 미국에서나 선교단체로부터 지원을 기대할 수 없는 형편입니다. 무슨 수를 내서라도 조선인들의 힘으로 여자의전을 만들어 내야만 합니다."

로제타가 하루에도 수없이 누구를 만나거나 하는 말이었다. 그 말은 자신을 향한 다짐이기도 했고, 기도이기도 했으며, 동지를 구하기 위한 주문이기도 했다.

1934년, 경성여자의학강습소의 첫 번째 졸업식이 열렸다. 졸업

장을 받은 5명 전원이 의사 면허 시험에 합격하여 의사 면허증을 받았다. 로제타가 조선에서 여의사를 길러내야겠다는 꿈을 가진 지 41년 만에 이룬 참으로 꿈같은 일이었다.

이 학교는 재정적인 곤란으로 3년이 지나고 5년이 지날 때까지도 전문학교로 성장하지 못하였다. 그 사이 1933년, 의학강습소 운영을 위해 자금 마련에 지쳐있던 로제타는 한국에서 은퇴하고 미국으로 돌아갔다. 길정희와 그녀의 남편 김탁원에게 학교의 운영을 일임한 후였다.

경성여자의학강습소는 1938년에야 우석 김종익 선생의 도움으로 전문학교가 될 수 있었다. 이 학교는 서울여자의과대학, 수도의과대학, 우석대학 의과대학 등으로 이름이 바뀌며 맥을 이어가다가, 1971년에 고려대학교 의과대학으로 거듭났다. 로제타가 뿌린 씨앗은 무성하게 자라나 여전히 해를 거듭하며 좋은 열매들을 거두어들이고 있다.

로제타 홀의 회갑잔치에 참석한 여의사들

20. 동화 같았던 나날들

"여러분, 저 어때요?"

1949년 3월 14일 아침, 미국 뉴저지의 벵크롭트 타일러 요양원이었다. 로제타가 아주 오래된 체크무늬 드레스를 입고 사람들 앞에 나타나며 외쳤다. 평생을 감리교에서 디코니스와 선교사로 일하다 은퇴한 여성들이 모여 사는 집이었다. 로제타는 1943년부터 이곳에서 살고 있었다.

"아니, 박사님. 하하하…. 할로윈이 되려면 아직 멀었는데 그 드레스는 뭔가요?"

"60년 전, 오늘 제가 입었던 옷이랍니다. 내 의과대학 졸업식 날이었지요."

"세상에! 그럼 그 옷이 60년 전 옷이란 말씀이세요?"

"그럼요. 우리 아버지가 내 졸업을 축하하며 맞춰준 옷이었어요. 그날 우리 동창생 중에서 내 옷이 최고였어요. 모두 까만색이거나 짙은 회색의 단색이었는데 내 옷만 체크무늬를 갖고 있었어요. 난 언제나 색다른 스타일을 좋아하지요."

"박사님은 언제나 남다르시지요. 하하하."

"그때 우린 모두 다리가 있다는 것을 숨겨야 하는 것처럼 바닥을 쓰는 긴 치마에 머리는 뒤로 쪽을 지고 목을 조르는 옷을 입고 살았었지요."

누군가가 웃으며 말했다. 할머니들의 가벼운 옷차림과 자유로운 헤어스타일만 보아도 세상이 얼마나 달라졌음을 알 수 있었다. 할머니들은 모두 지난 시절을 이야기하며 즐거운 시간을 보냈다.

결혼기념일에는 결혼식에 입었던 옷을 입어보고, 졸업기념일에는 졸업식에서 입었던 옷을 입어 볼 정도로 기념일에는 특별한 의미를 찾는 로제타에게 일 년 내내 특별하지 않은 날은 거의 없었다. 83세에 이르고 보니 가족들과 친구들의 생일, 결혼, 세상 떠난 날, 각종 기념일 등 하루하루가 소중하고 의미가 있었다.

로제타는 자신의 의과대학 졸업 사진을 꺼내 들었다. 뒷면에는 사진 속 모든 동창생의 이름이 적혀 있었다. 친구들 이름 하나하나를 부르며 그들에 대한 기억을 불러내 보았다. 대부분 세상에 없는 이들이었다. 사진 속에 미국 최초의 아메리칸 원주민 여의사인 수잔 라 플래시 피코트의 얼굴이 보였다.

그녀는 로제타와 동갑으로 1865년 네브래스카 인디언 보호구역에서 태어났다. 1889년 의과대학 졸업생 중에서는 수잔과 로제타가 가장 나이가 어린 학생이었다. 오마하 부족의 추장 딸이었던 그녀는 의사가 되어 보호구역의 인디언들을 보살피는 데 일생을 바쳤다. 삶의 의욕이 없이 술에 절어 있는 이들에게서 술을 떼어내기 위한 절제운동, 결핵의 예방과 공중보건을 위한 계몽활동 등을 펼치며 의사이자 선교사로 일생 쉼 없이 봉사했다. 로제타는 그녀와 처음 만나 나누었던 대화를 아직도 잊지 않고 있었다.

"우리 아버지는 오마하 부족 출신이지만 엄마는 포트 아킨슨에서 일하던 의사의 딸이었어. 내가 어렸을 때 백인 의사가 아픈 부족 여성의 치료를 거부해서 치료를 받지 못하고 죽는 것을 보았어. 그때부터 난 의사가 되기로 결심했던 거 같아. 외할아버지가 의사인 것도 영향이 있었겠지만 말이야. 의사가 되어 선교사로 일할 거야."

수잔도 로제타와 같은 꿈을 가지고 의대에 입학한 경우였다. 그녀도 로제타처럼 병약했다. 가끔 호흡곤란을 겪는 증상을 견뎌내며 공부하면서도 항상 누구보다도 앞서 있었다.

'항상 몸이 약해서 고생하면서도 수잔은 졸업할 때 최고 성적을 받아 학생 대표로 연설을 했었지. 수잔이 세상을 떠난 지도 벌써 34년이나 지났구나. 나도 이제 떠날 때가 된 것 같아.'

졸업 사진 뒷면에는 졸업기념일에 적어 넣었던 메모들이 있었다. 바쁜 삶 속에서도 잊지 않고 기억했던 여덟 번의 졸업기념일에 적어 넣었던 기록이었다. 메모를 적을 당시 졸업기념일에 머물고 있던 도시들도 여러 곳이었다. 서울, 평양, 뉴욕, 필라델피아 등 고향부터 지구의 반대편까지.

이제는 기억 속에서 83년간 살아온 세월 전체가 잔잔하고 아름답게 채색되어 있었다. 열정과 분노로 끓어오르던 순간도, 슬픔과 절망으로 몸부림치던 세월도 모두 남의 이야기처럼 이제는 담담하게 이야기할 수 있게 되었다.

1939년 졸업기념일의 메모는 펜실베이니아 여자의과대학의 졸업식에 초대되었음을 적고 있었다. 학교에서 졸업 50주년을 맞는 졸업생들을 초대한 것이었다. 1889년에 졸업한 41명의 동창생 중에서 9명이 그 자리에 앉아 있었다. 때마침 안식년으로 미국에 와 있던 아들과 며느리가 그 자리에 함께해 주었음이 참으로 감사할 일이었다.

로제타는 자신의 오래된 일기책들을 꺼내 들었다. 가장 먼저 손에 잡은 것은 이디스를 기르면서 썼던 일기였다. 일기는 이디스를 떠나보내고도 마음으로는 못 보내서 2년 후까지도 이어져 있었다. 갑자기 다시 파스텔 톤이던 기억 속 그림들에 선연하게 색깔이 입혀오기 시작했다. 자신의 일생에서 가장 아픈 순간이었다.

두 번째로 펼쳐 든 셔우드를 위한 일기에 세세하게 기록된 윌리엄의 죽음 장면에 이르자 자신도 모르게 후드득후드득 눈물이 떨어져 내렸다. 한 살짜리 아들이 나중에 읽을 수 있을 때를 생각하며 아빠의 죽음 과정을 아주 세세하게 적고 있는 자신의 모습이 너무도 처절하게 느껴졌기 때문이었다.

일기 한쪽 귀퉁이에서 훗날 자신이 써넣었던 윌리엄의 시를 발견했다. 윌리엄이 세상을 뜨기 1년 전에 적은 시는 마치 자신의 죽음을 예비한 듯했다. 세상에 올 때 지고 온 사명을 다 마친 사람들은 언제나 떠날 준비가 되어 있었던 것은 아닐까. 로제타가 그를 처음 만났을 때부터 그는 이미 하루하루를 세상 마지막 날인 듯 살고 있었다. 그의 모습이 바로 우리 크리스천의 모습이어야 하지 않을까.

나의 세월은 동화 같았습니다.
순간순간이 황금처럼 찬란했습니다.
남은 날들이 거의 지나가고
드디어 나의 본향에 가까워집니다.

아, 행복에 겨운 상상 속
나는 영원히 함께 거할 것입니다.
저편에서 기다리고 있는
예수님과 먼저 떠난 사랑하는 이들과.

로제타는 일기를 덮고 가만히 눈을 감았다. 선연하던 기억 속 장면들의 색깔이 다시 조금씩 옅어져 갔다.

"여보, 내 일생도 동화 같았군요. 난 이제서야 당신과 이디스 곁으로 갈 준비가 된 것 같아요."

로제타는 자신의 일생을 동화로 만들어 주었던 많은 등장인물을 떠올리기 시작했다. 지구의 반대편에 묻혀 있는 남편, 이디스, 에스더, 릴리언 해리스, 엘라 루이스…. 이들은 모두 자신의 일생을 동화로 만들어 준 등장인물들이었다.

'그들 곁에 나도 묻히리라.'

흐뭇한 미소가 떠올랐다. 그리고 1890년 조선으로 가는 여정을 시작하며 적은 일기의 첫 권을 집어 들었다.

첫 번째 일기를 덮으며 로제타는 눈을 감았다. 일기 마지막의 인용 글을 곰곰이 곱씹기 시작했다.

> 내가 아니라, 내가 인생에서 말한 진실이
> 내가 아니라, 내가 인생에서 뿌린 씨앗이,
> 후세에 전해지게 하소서.
> 나에 관한 모든 것이 잊힐지라도,
> 내가 말한 진실, 내가 행한 실천만이 남겨지게 하소서.

로제타는 상상 속에서 스물다섯 처녀가 되어 다시 조선을 향해 가고 있었다.

펜실베니아 여자의과대학 졸업사진(1889)
세 번째 줄 오른쪽에서 두 번째가 로제타 홀이고, 로제타 홀 왼쪽으로 두 번째가 수잔 피코트이다.

에필로그

제가 감리교 여성 선교사들에 대한 관심을 두게 된 것은 신앙적인 이유에서 시작된 것이 아니었습니다. 두 딸을 기르면서 딸들에게 어린 시절부터 롤 모델이 될 수 있는 여성 전문인들에 관한 이야기를 들려주고 싶었습니다. 그래서 우리나라 최초의 여성 의사 김점동(박에스더), 최초의 여성 기자 최은희, 최초의 여성 변호사 이태영 등 어른들의 삶에 대해 알아보았습니다. 그 과정에서 이분들의 어린 시절에 공통점이 있음을 발견했습니다. 미국에서 오신 감리교 여성 선교사들과의 만남이 이분들이 전문가로 성장하는 데 결정적인 요인이 되었다는 점이었습니다.

우리나라의 여성 교육은 감리교 여성 선교사 메리 스크랜튼이 세운 이화학당에서 시작되었습니다. 메리 스크랜튼에 관해서는 연구도 있고, 활동에 대해서도 많이 알려져 있었습니다. 제가 가장 관심을 가지게 된 분은 로제타 셔우드 홀이었습니다. 어떤 선교사보다 이 땅에서 더 많은 활동을 하였고 우리나라 여성들에게 누구보다도 큰 도움을 주신 분이었습니다. 하지만 우리나라 최초의 의사 김점동(박에스더)의 멘토였다는 것 외에는 별로 알려진 바가 없었습니다.

로제타 홀은 남녀를 통틀어 한국 최초의 양의를 양성하였고, 한글 점자를 최초로 만들었고, 특수 교육을 시작하였으며, 고려대학교 의과대학과 이화여자대학교 의과대학병원, 평양의학대학 종합병원의 기초를 놓으셨습니다. 무엇보다도 내한 직후부터 재능 있는 소녀들을 "내 아이들(my girls)"이라 부르며 특별한 관심과 사랑으로 교육해 한국 최초의 전문직 여성들로 길러낸 점을 평가해야 합니다. 이들 중 김점동(박에스더)은 최초로 미국에서 서양 의학을 전공한 의사가 되었습니다. 12살에 첩으로 팔렸던 여메레는 엄비를 도와 진명여고를 개교시키고 총교사가 되었으며, 후에 평양 진명여고의 교장이 되었습니다. 과부로 이화학당에 들어왔던 노수잔은 로제타의 의료 활동과 선교 활동의 충실한 동역자가 되었습니다.

  2012년 가을, 저는 미국의 필라델피아 근교의 퀘이커 영성공동체 펜들힐에서 수학할 기회를 얻었습니다. 그곳에서 이분의 행적을 추적해 보기로 했습니다. 이분이 다닌 의과대학은 1850년에 퀘이커들이 필라델피아에 세운 세계 최초의 여자의대였습니다. 그곳의 문서보관소를 시작으로 이분을 파견한 감리교 여성해외선교회의 문서보관소를 방문했습니다. 그곳에서 로제타 홀 손녀의 연락처를 얻을 수 있었습니다. 1980년대에 남겨진 것이어서 조마조마한 마음으로 전화를 걸었습니다.

"미세스 킹과 통화할 수 있을까요?"

"접니다. 무슨 일이시지요?"

저는 그 대답을 듣는 순간 기쁨으로 가슴이 뛰기 시작했습니다. 제 이야기를 들으시고는 무척 반기시며 이렇게 말씀하셨습니다.

"저는 1934년 해주에서 태어났답니다. 아버지가 보관하던 문서들을 제가 보관하고 있으므로 할머니가 남기신 많은 사진과 문서들이 있어요. 언제든지 오시면 보여줄게요."

이리하여 첫 번째 방문이 이루어졌습니다. 그곳에서 로제타 홀 할머니가 선교 초기에 쓴 편지들, 네 권의 일기, 두 권의 육아일기, 어린 시절 일기, 그분이 저술한 선교용 팸플릿과 친필 메모들을 발견하고 전율이 일었습니다.

몇 차례 방문 끝에 로제타 홀 할머니의 친필 문서들과 팸플릿 등은 스캔할 수 있었고, 모든 일기를 빌릴 수 있었습니다. 그리고 반년 동안 그 일기를 곁에 두고 읽을 수 있었습니다. 그 일기를 읽어가며 감동으로 눈물을 흘린 적도 여러 번이었고 놀라움으로 가슴이 터질 듯했던 적도 많았습니다.

이 분에 대해 알아갈수록 고마움과 함께, 이렇게 많은 일을 하신 분을 우리가 아직도 모르고 있었다는 점에서 죄송스러움으로 마음이 무거워지기도 했습니다.

이분에 대해 제가 알게 된 것을 정리하여 2015년에 '닥터 로제타 홀'이라는 책을 쓸 수 있었습니다. 그 책이 분량이 너무 많고 읽기에 그다지 편하지 않은 형식이라는 독자들의 평이 있었습니다. 그래서 로제타 홀 할머니의 일기와 다른 자료에 근거하여 되도록 실감 나게 그분의 내면과 생전의 활동들을 생생하게 전달해 주기 위해 쉽게 읽히는 이야기로 구성해 보았습니다.

이분에 대한 책을 쓰는 저에게 로제타 홀의 손녀 부부인 필리스 홀 킹, 에드워드 킹 박사님께서 큰 선물을 주셨습니다. 로제타 홀 할머니가 평생 지니고 다니셨던 그분의 의과대학 졸업 사진이었습니다. 사진 뒷면에는 빼곡하게 메모가 남겨 있었습니다. 사진 속 동기 동창들의 이름, 그리고 자신이 특별히 기억한 졸업기념일에 써넣은 것들이었습니다.

"1949년 3월 14일 뱅크롭트 타일러 홈에서 아버지께서 졸업선물로 마련해 주신 옷감으로 내가 만들어 1889년 3월 14일의 졸업식에서 입었던 드레스를 입고 60회 대학 졸업기념일을 기념했다."라는 메모를 보며 이 책의 마지막 장면은 약간의 상상력을 동원하여 구성하였습니다.

그 외 이 책에 등장하는 모든 에피소드는 그분의 일기와 팸플릿, 메모, 신문 기사 등에 근거한 것들입니다. 그래서 제가 기록을 찾을 수 없었던 중반기 활동에 관해서는 이야기가 건너뛰게 되었습니다.

로제타 홀 할머니는 선교를 위해 고향 집을 떠나는 날인 1890년 8월 21일의 일기를 "여러분은 그리스도 예수께서 지니셨던 마음을 여러분의 마음으로 간직하십시오."라는 빌립보서 2장 5절로 시작합니다.

예수님의 마음으로 살고자 이 길을 간다는 결연한 의지의 표현이었을 것입니다. 예수님의 마음으로 사시고자 조선에서 겪어야만 했던 고난들, 인내, 사랑을 우리가 어찌 잊을 수 있을까요?

크리스천으로 산다는 일이 얼마나 큰 영광이자 책임이 막중한 일임을 그분의 일생이 보여줍니다. 우리는 그분의 삶을 되풀이하여 이야기하며 배우고 후세에 전해야 하겠습니다.

로제타 홀의 손녀 부부와 박정희 작가(2013년 11월)

A group of medical graduates who attended the "Han-Kap" celeb

부록

로제타 홀 연보

로제타 홀의 핵심가치

로제타 홀 관련자료

로제타 홀 연보

1865.9.19 미국 뉴욕주 리버티의 농장에서 출생
1876 체스트넛릿지 초등학교 졸업
1882 몽고메리사범학교 졸업
1883 오스위고사범학교 졸업
1886 펜실베니아 여자의과대학 입학
1889.3.14 펜실베니아 여자의과대학 졸업
1889.11 미국 북감리회 뉴욕 디커니스홈 사역,
　　　　 뉴욕 루즈벨트가 무료진료소에서 윌리엄 홀 만남
1890.10.13 한국, 제물포항 도착
1890.10.15 보구여관에서 사역 시작
　　　 1891.12.15 윌리엄 홀 부산항 도착
1892.6.27 윌리엄 홀과 서울에서 결혼
　　　 1892.9 윌리엄 홀 평양선교기지 개척 책임자로 임명
　　　 1893.11.10 아들 셔우드 홀 출생
　　　 1894.11.24 남편 윌리엄 홀 사망(34세, 결혼 2년 5개월)
1894.12.10 미국 귀환, 제물포 출발(박에스더 부부 동행)
　　　 1895.1.18 딸 이디스 마가렛 홀 출생
1897.2.1 평양기홀병원 개원
1897.8 윌리엄 홀 기념 문집 출판

1897.11.10 두 자녀와 함께 다시 내한

    1898.5.23 딸 이디스 마가렛 홀 이질로 사망

1898.6.18 평양 광혜여원 개원

1900 이디스 마가렛 어린이 병동 개원

1900.1 평양맹학교 설립, 한글점자교과서 발행

1900.6 평양외국인학교 개교

    1900.10 한국 첫 양의사 박에스더 귀국

1910 평양농학교 설립

    1910.4.13 박에스더 결핵으로 소천

1912. 3 광혜여원에서 여성 의학강습반 운영

1914 평양에서 동아시아 특수교육전문가 컨퍼런스 개최

1921 동대문부인병원 원장으로 발령

    1926.4.19 셔우드 홀, 아내 메리안과 함께 의료선교사로 내한

1928.9.4 조선여자의학강습소 설립

    1928.10.27 셔우드 홀, 해주에 결핵환자 위생학교 개교
    1932.12.3 셔우드 홀, 국내 최초 크리스마스 실 발행

1933.10.2 미국으로 귀향(한국에서 43년간 봉사)

1951.4.5 85세의 일기로 소천, 양화진 남편 곁에 안장

로제타 홀의 핵심가치

용기와 의지

1890년, 스물다섯 살 처녀 로제타 셔우드는 미국 동부 뉴욕주 고향의 가족과 친지들 곁을 떠나 한 달이 넘는 험난한 여행을 감수하며 당시 가장 가난한 나라 중 하나였던 조선을 찾아왔습니다. 후에 남편이 된 윌리엄 홀보다 1년 먼저 우리나라에 도착했고, 결국 남편과 아들 셔우드와 그의 아내 메리안까지 한국을 위해 헌신하게 만든 여성이었습니다.

박애

제국주의 세력다툼의 희생양이 되어가던 가련한 처지의 우리 민족, 그중에서도 특히 가난하고 헐벗은 여성들과 장애인 등 가장 낮은 곳에 있던 이들에 대한 사랑과 헌신을 보여준 로제타. 기독교 복음에 기초하여 빈부귀천을 따지지 않고 사랑을 실천한 의사였습니다.

여성 인권과 교육

자신의 이름마저 갖지 못하고 살아가던 조선의 여성들, 사회적으로 배제되고 스스로를 위한 꿈도 꿀 수 없던 여성들에게 위로와 희망을 안겨준 서양 여성. 그리고 그들을 계몽하고 교육할 여성 지도자들을 양성하기 위한 끊임없는 노력과 놀라운 성과들. 그 결과 중의 하나가 현재의 고려대학교 의과대학의 모태가 된 조선여자의학강습소였습니다.

어린이

평양에 우리나라 최초의 어린이 병동을 설립해 어린이들에게 맞는 치료를 실행했던 의사. 어린이들이 쉽게 걸리는 병으로부터 예방하기 위해 섬세하게 기울인 그녀의 노력. 평양에서 얻은 전염병으로 남편이 순직했음에도 그곳으로 다시 돌아와 이질로 딸을 잃자 질병으로부터 우리나라 어린이들을 구하는 것을 사명으로 여긴 성스러운 이였습니다.

삶으로 보여준 신앙

거창한 말로 선언하는 전교가 아닌, 치료와 교육을 통해 자신이 직접 사랑을 실천하면서 온몸으로 복음을 살아간 신앙인. 진지한 삶의 과정을 일기와 기록으로 꼼꼼하게 남겨 오늘의 우리에게 실천하는 크리스천으로 살아갈 것을 촉구합니다.

열린 사고

종종 서구 우월적 태도를 보였던 일군의 남성 선교사들에 비해 한옥과 한복 등 한국문화를 긍정적으로 평가하고 한국문화에서 장점을 배워야 한다고 공공연히 주장했던 선교사였습니다.

로제타 홀 관련자료

1차 자료

Rosetta's Diary
Journal of Edith Margaret Hall(1895-1900)
Journal of Sherwood Hall(1893-1902)
Life of Rev. William James Hall
With Stethoscope In Asia : Korea
Korea Mission Field
Missionary review of the world
Annual Report of the Korea Woman's Conference of the Methodist Episcopal Church
〈기독신보〉
〈대한 그리스도인 회보〉

2차 자료

1. 단행본

로제타 홀, 양화진문화원 편,《로제타 홀 일기》1-6, 홍성사(2015)
로제타 홀,《닥터 윌리엄 제임스 홀: 한국에서 최초로 순직한 선교사》,
　　　에이멘(1994)
셔우드 홀, 김동열 역,《닥터 홀의 조선회상》, 좋은씨앗(2009)
박정희,《닥터 로제타 홀:조선에 하나님의 빛을 들고 나타난 여성》,
　　　다산초당 다산북스(2015)
조대현,《조선을 사랑한 의사 닥터 홀(만화로 읽는 닥터 홀의 조선회상)》,
　　　좋은씨앗(2006)

2. 학술논문

김성은, "로제타 홀의 조선여의사 양성", 〈한국기독교와 역사〉(2007)
김병하, "로제타 셔우드 홀 여사에 의한 한국 특수교육의 성립사고",
　　　　〈특수교육학회지〉(1986)
김향숙, "의료선교사 로제타 홀이 개화기의 여성교육에 미친 영향",
　　　　〈로고스경영연구〉(2015)
김정민, "로제타 셔우드 홀의 선교사역에 대한 연구",
　　　　감리교신학대학교 대학원(2009)
안형준, "조선 초기 로제타 셔우드 홀 선교사 사역과 여전도회 사역 연관 연구:
　　　　특수사역을 중심으로", 총신대학교 선교대학원(2017)
탁지일, "시각장애인 교육의 선구자 로제타 홀", 〈한국기독교신학논총〉(2011)
황미숙, "내한 미국감리교회 선교사들의 사회복지사업 연구(1885-1960)",
　　　　목원대학교 대학원(2014)